Su pensión en riesgo.

Ángel Jiménez Polo

Para mis hijos: Marcos y Álvaro.

Con todo mi cariño.

"Me interesa el futuro porque es el sitio donde voy a pasar el resto de mi vida."

Woody Allen

Índice

INTRODUCCIÓN

1

El día 4 de junio de 2017 finalizaba la redacción del que sería mi último libro. En él, exponía las deficiencias legislativas que contribuían al deterioro de la Seguridad Social, llevándolo inequívocamente a la quiebra.

Mi propósito en aquel únicamente consistía en alertar a la sociedad acerca de la ineficacia del legislador para conservar los beneficios del sistema de Seguridad Social y, al mismo tiempo, erradicar aquellas deficiencias que atentan directamente contra el sistema.

Como puede imaginar el distinguido lector, para un servidor es altamente gratificante cualquier cambio que se produzca en la legislación a propósito de contribuir a la sostenibilidad de la Seguridad Social. Así, celebré como una victoria muchas de las medidas que se consideraron desde el gobierno motivadas por el grupo parlamentario Ciudadanos como consecuencia de la Proposición de Ley de Reformas Urgentes del Trabajo Autónomo publicada en el Boletín Oficial de las Cortes Generales el 4 de julio de 2017. Estas propuestas fueron analizadas por el legislador, asegurando un verano políticamente activo, no sólo como consecuencia del revuelo que hubo lugar en Cataluña, sino también por esta Proposición de Ley que prometía una solución a la deficiente legislación que vincula a los trabajadores autónomos.

Después de mucho departir, esta Proposición de Ley finalizó, en parte, el 25 de octubre con la publicación en el Boletín Oficial del Estado de la Ley 6/2017, de 24 de octubre, de Reformas Urgentes del Trabajo Autónomo, texto que motiva la redacción de estas líneas. Y así es, pues si bien anteriormente exponía las citadas deficiencias, ahora creo propicio hacer hincapié en aquellas soluciones que se dieron a través de esta nueva Ley, mas, también será de recibo profundizar en los errores legislativos de ésta. Tal es así que incluso he considerado de recibo ceder un capítulo completo para exponer el despropósito que supone la redacción de la disposición final quinta de la citada Ley, donde el distinguido lector comprobará lo extremadamente peligroso que puede suponer al sistema la ineficacia del legislativo.

Como consecuencia de la publicación de la citada Ley, el libro que finalicé el día 4 de junio de 2017 quedaba irremediablemente obsoleto, sirva el ejemplar que usted posee para actualizar aquel y considerar las nuevas deficiencias que evocan a la quiebra. En este sentido, celebraré encarecidamente que nuevamente quede obsoleto uno de mis libros si para ello erradicamos cualquier deficiencia citada, así, debe conocer el distinguido lector que éste ha sido finalizado el día 5 de abril de 2018, por lo que queda actualizado hasta ese momento.

En esta ocasión, reiteraré las deficiencias legislativas que exponía en otras publicaciones, si bien, añadiré los nuevos errores del legislativo que condenan despiadadamente a la Seguridad Social. Por supuesto, también serán propios de análisis aquellos aciertos legislativos que contribuyen a mejorar o erradicar algunas deficiencias, si bien, adelanto al lector que estos aciertos son escasos.

No en vano, mis líneas no han sido motivadas únicamente por las novedades que introduce la Ley 6/2017, pues también se sustentan, o mejor dicho, quedan motivadas, por la nueva noticia que conocemos en la actualidad, expuesta por Doña Emma Navarro, Secretaria General del Tesoro y Política Financiera, quien asegura que en 2018 el Gobierno habrá de solicitar un nuevo crédito de 15.000 millones de Euros para poder afrontar el pago de las pensiones que ha de realizar la Seguridad Social en este periodo.

Considero que no es preciso insistir al distinguido lector sobre la lectura que se traduce de esta noticia: la más inequívoca prueba de la insostenibilidad del sistema.

Otro motivo que hace que incremente mi pre-ocupación al respecto es que el partido que gobierna España en la actualidad, el Partido Popular, cuenta con tan pocas ideas para solventar la situación que prefiere negar el problema, pese a la evidencia que las pruebas nos muestran. Incluso Doña Fátima Báñez, Ministra de empleo y Seguridad Social, únicamente propone tres medidas para revertir la rentabilidad del sistema, siendo únicamente una de ellas realmente una solución propiamente dicha. Analicemos brevemente estas medidas:

En primer lugar, pretende que las bonificaciones que se pueda aplicar un empleador queden abonadas directamente vía impuestos a través de los Presupuestos Generales del Estado, es decir, considerar que esta reducción de pago a las arcas de la Seguridad Social en realidad es una ayuda que el Estado facilita al empleador para aminorar la carga económica de éste ante una contratación.

En segundo lugar, la Señora Ministra propone abonar los gastos administrativos que conlleva la Seguridad Social nuevamente vía impuestos y no vía cotizaciones, como si los funcionarios encargados de velar por el correcto funcionamiento de la Seguridad Social no se empleasen por y para este fin, sino para satisfacer una función pública que habría de abonarse a través de los Presupuestos Generales del Estado.

Como decía, ninguna de estas dos medidas me parece una solución real, pues estamos aliviando el gasto del sistema con la contra de que este gasto habrá de ser abonado vía impuestos, por lo que previsiblemente habrán de incrementar para sufragar este coste. En este sentido, cabe exponer que los complementos a mínimos que se abonan en la actualidad por cualquier pensión, responden a esta filosofía, quedando abonados con el importe recaudado vía impuestos y no por el importe obtenido vía cotizaciones.

Y por último, Doña Fátima Báñez propone eliminar el tope que se establece en la base de cotización, lo que en la actualidad no permite al cotizante abonar todo el importe que realmente correspondería. Esta última sí, me parece una medida real para contribuir a la sostenibilidad del sistema, siempre y cuando se erradique el tope de pensiones máximas que se efectúa en la actualidad, más adelante comprobará el distinguido lector por qué.

En otro orden, considero que es de interés para el distinguido lector conocer que el presente libro, y todos los publicados anteriormente por mi persona, han sido redactados conforme a las normas lingüísticas anteriores a la reforma que llevó a cabo la Real Academia Española de la lengua en 2010, pues, desde mi punto de vista, con esta actualización se empobrecía nuestro idioma, en pro de aquellos que no terminan de dominarlo.

Así pues, observará el distinguido lector que utilizaré la tilde diacrítica en el adverbio "sólo" cuando actúe como tal, omitiendo la tilde cuando actúe como adjetivo. En este sentido, continuaré igualmente con lo establecido antes de la actualización citada en lo referente a pronombres demostrativos, que con la nueva actualización quedaban todos sin tildar, incluso en casos de posible ambigüedad.

Más aún, no eliminaré la tilde en palabras con diptongos o triptongos ortográficos, nuevamente, dejando sin estimar la actualización referida.

Y por último, aunque no obviando íntegramente de este modo la reforma referida, tampoco suprimiré la tilde diacrítica en la conjunción disyuntiva "*o*" escrita entre cifras.

Sirva esta redacción, y este libro, como protesta ante la desafortunada actualización citada.

CAPÍTULO I

Deficiencias legislativas que incitan a la falta de alta por cuenta propia

*E*l último registro del que se tiene constancia del número de trabajadores en alta laboral, cuando escribo estas líneas, hace mención al mes de diciembre de 2017, exponiendo la Dirección General del Trabajo Autónomo, de la Economía Social y de la Responsabilidad Social de las Empresas, órgano éste dependiente del Ministerio de Empleo y Seguridad Social, los datos que a continuación se muestran:

	TOTAL	RETA	MAR
TOTAL	3.231.279	3.216.583	14.696
AUTONOMOS PERSONAS FÍSICAS (*)	1.962.774	1.950.594	12.180
FAMILIAR COLABORADOR	195.239	194.451	788
SOCIO DE SOCIEDAD	573.859	572.608	1.251
MIEMBRO ÓRGANO ADMON SOCIEDAD	415.479	415.098	381
FAMILIAR DE SOCIO	45.427	45.331	96
RELIGIOSO	11.024	11.024	0
COLEGIO PROFESIONAL	27.477	27.477	0

(*) Incluye los **9.991** Autónomos económicamente dependientes

Es decir, de un total de 17.666.175 personas que trabajamos en nuestro país, o mejor dicho, que trabajamos en alta en Seguridad Social, 3.194.811 pertenecen al Régimen Especial de Trabajadores Autónomos, o lo que es lo mismo, un 18% de las personas que trabajan en España son autónomos.

En la publicación anterior al ejemplar que usted analiza, consideraba a través de dos aforismos, cómo el Poder Legislativo era capaz de evidenciar su falta de capacidad para gestionar tan importante empresa, marcando en alguna ocasión el camino a los defraudadores.

Es de recibo celebrar la publicación de la Ley 6/2017 en este aspecto, pues gracias a ello se imposibilita el fraude que anteriormente no tenía forma de ser detectado.

Y así es, pues como veremos, en lo que se refiere a los autónomos colaboradores, aprovechando el ilógico plazo que nos permitía la normativa para tramitar el alta en la Tesorería General de la Seguridad Social, y ante la inexistencia de alta en el impuesto de actividades económicas, los familiares de autónomos que trabajaban en el mismo negocio podían permanecer sin alta hasta que se cruzaba un inspector de trabajo en su camino, quien además, no encontraba motivos para sancionar tan deplorable situación, ahorrándose el defraudador al mismo tiempo, el importe de los recibos de Seguridad Social del periodo que hubiese permanecido ilícitamente antes de este encontronazo.

En otro orden, en ocasiones es preciso que la Jurisprudencia complemente lo escueta que puede resultar la legislación en algunos casos, dando lugar a interpretaciones, ante el alta correspondiente en el Régimen Especial de Trabajadores Autónomos. Así hablaremos de las facilidades que transmite la jurisprudencia al defraudador para que no regularice su situación con respecto a la Tesorería General de la Seguridad Social.

Lamentablemente, la Ley 6/2017 si bien no incide directamente sobre este asunto, crea una comisión para el estudio de este problema que llevamos arrastrando desde la publicación del Decreto 2530/1970, de 20 de agosto, por el que se regula el régimen especial de la Seguridad Social de los trabajadores por cuenta propia o autónomos.

2

Para comprender el fraude que permitía el Poder Legislativo con respecto a la falta de alta en la Tesorería General de la Seguridad Social de los familiares de autónomos, comenzaré exponiendo lo dispuesto en el Real Decreto Legislativo 8/2015, de 30 de octubre, por el que se aprueba el texto refundido de la Ley General de la Seguridad Social. En concreto, lo establecido en el artículo 307.1:

*"1. Los trabajadores por cuenta propia **están obligados a solicitar su afiliación** al sistema de la Seguridad Social y a comunicar sus altas, bajas y variaciones de datos en el Régimen Especial de los Trabajadores por Cuenta Propia o Autónomos **en los términos, plazos y condiciones establecidos en esta ley y en sus disposiciones de aplicación y desarrollo."*

Visto esto, evidentemente, comprendemos que el legislador muestra la obligación de causar alta en el Régimen Especial de los Trabajadores por Cuenta Propia o Autónomos, dentro de los plazos que marque la legislación. Por tanto, para conocer los plazos a los que se refiere, es de recibo considerar lo expuesto en el Real Decreto 84/1996, de 26 de enero, por el que se aprueba el Reglamento general sobre inscripción de empresas y afiliación, altas, bajas y variaciones de datos de trabajadores en la Seguridad Social, en concreto el artículo 25 (Afiliación a instancia del trabajador):

"1. Los trabajadores por cuenta propia o asimilados comprendidos en el campo de aplicación del sistema de la Seguridad Social que inicien su actividad como tales y no se encuentren ya afiliados estarán obligados a solicitar su afiliación a la misma en la forma, lugar y plazos establecidos en este capítulo, sin perjuicio de las particularidades previstas en el capítulo VI de este Título."

Vayamos, pues, al Capítulo VI de este título, donde se expone la Disposición transitoria segunda (Exclusiones temporales de la afiliación y alta previas):

*"1. Lo dispuesto en los artículos 27, en su apartado 2, y 32, en su apartado 3.1.º, de este Reglamento, respecto de los plazos para solicitar la afiliación y altas iniciales o sucesivas, no será aplicable a los profesionales taurinos, ni a los colectivos incluidos en los Sistemas Especiales del Régimen General, ni a los **trabajadores por cuenta propia o autónomos, para los cuales**, hasta que las posibilidades de gestión permitan la aplicación de los plazos establecidos en*

*este Reglamento, seguirán aplicándose los plazos establecidos en sus normas específicas y, en el Régimen Especial de Trabajadores Autónomos, **el de los treinta días naturales siguientes a aquel en que hayan nacido dichas obligaciones.***

2. La concurrencia de tal posibilidad se determinará por la Secretaría General para la Seguridad Social, a propuesta de la Dirección General de la Tesorería General de la Seguridad Social."

Luego entonces, entendemos que un autónomo contaba con los treinta días naturales siguientes al inicio de la actividad económica para concluir su alta en Seguridad Social. Para un autónomo que no tuviese relación alguna para su actividad con un familiar de hasta segundo grado de consanguinidad o afinidad, queda totalmente claro: en caso de inspección, el inspector deberá cotejar que el alta en Seguridad Social no difiere un máximo de treinta días con respecto al alta en censos de la Agencia Tributaria, tan sencillo como solicitar el modelo 036 ó 037 y así realizar las comprobaciones oportunas.

Ahora bien... ¿Qué sucedía en el supuesto de que un inspector encontrase a alguna persona sin darse de alta, mientras trabaja con un familiar hasta segundo grado de consanguinidad o afinidad?

En este supuesto, el *autónomo colaborador* no debía tramitar alta alguna en censos de la Agencia Tributaria, por lo que no contaría con ningún modelo 036 ó 037, ya que no cuenta con obligaciones censales con Hacienda, de modo que el inspector habría de fiarse de la palabra de aquel cuando le preguntaba cuándo había iniciado la actividad.

Es decir, el defraudador únicamente debería informar al inspector que su relación laboral se inició en un periodo inferior a treinta días y que, por tanto, aún estaba en plazo para tramitar su alta en Seguridad Social, por lo que el inspector de trabajo no podía sancionar semejante fraude. Más aún, el defraudador podía haber estado trabajando varios años sin tramitar su alta en Seguridad Social y nadie le podría sancionar por ello, ante la falta de pruebas.

De esta forma, ante esta deficiencia en la legislación, se dejaba de ingresar el cien por ciento del importe correspondiente a la cotización por un *autónomo colaborador,* hasta que un inspector de trabajo se cruzaba en el camino del defraudador y se veía obligado a regularizar semejante situación desde ese momento, sin requerirle sanción alguna o importe pendiente de abono por la falta de cotización del periodo anterior.

Más aún, este defraudador, además, podía beneficiarse de las bonificaciones expuestas en el artículo 35 de la Ley 31/2015, de 9 de septiembre, por la que se modifica y actualiza la normativa en materia de autoempleo y se adoptan medidas de fomento y promoción del trabajo autónomo y de la Economía Social. Lo cual se cita a continuación:

"El cónyuge y familiares de trabajadores autónomos por consanguinidad o afinidad hasta el segundo grado inclusive y, en su caso, por adopción, que se incorporen al Régimen Especial de la Seguridad Social de los Trabajadores por Cuenta Propia o Autónomos, **siempre y cuando no hubieran estado dados de alta en el mismo en los 5 años inmediatamente anteriores**, *y colaboren con ellos mediante la realización de trabajos en la actividad de que se trate, incluyendo a los de los trabajadores por cuenta propia del Régimen Especial de los Trabajadores del Mar, a partir de la entrada en vigor de esta ley, tendrán derecho a una* **bonificación durante los 24 meses siguientes a la fecha de efectos del alta, equivalente al 50 por ciento durante los primeros 18 meses y al 25 por ciento durante los 6 meses siguientes,** *de la cuota que resulte de aplicar sobre la base mínima el tipo correspondiente de cotización vigente en cada momento en el Régimen Especial, o Sistema Especial en su caso, de trabajo por cuenta propia que corresponda.*

Lo previsto en el presente artículo no será de aplicación a los familiares colaboradores que con anterioridad se hayan beneficiado de esta medida."

En la actualidad, tras la aprobación de la Ley 6/2017, hemos de considerar lo expuesto en la disposición final primera, donde se le da nueva redacción al Artículo 46 del Reglamento general sobre inscripción de empresas y afiliación, altas, bajas y variaciones de datos de trabajadores en la Seguridad Social, aprobado por el Real Decreto 84/1996, de 26 de enero, así ahora, habrá de considerar lo establecido en el primer expositivo del punto 3 del artículo 32, donde se establece lo siguiente:

*"1.º **Las solicitudes de alta deberán presentarse por los sujetos obligados con carácter previo al comienzo de la prestación de servicios por el trabajador**, sin que en ningún caso puedan serlo antes de los 60 días naturales anteriores al previsto para el inicio de aquella.*

Lo dispuesto en el párrafo anterior se entiende sin perjuicio de lo especialmente previsto en los artículos 43 y siguientes de este reglamento.

En todo caso, cuando el empresario no cumpliera su obligación de solicitar el alta de sus trabajadores o asimilados dentro de plazo, estos, sin perjuicio de las responsabilidades en que aquel pueda incurrir, podrán solicitarla directamente en cualquier momento posterior a la constatación de dicho incumplimiento. En estos supuestos, la dirección provincial de la Tesorería General de la Seguridad Social o la administración de la Seguridad Social dará cuenta de tales solicitudes a la Inspección de Trabajo y Seguridad Social, al objeto de las comprobaciones y efectos que procedan."

Así pues, en el supuesto anteriormente expuesto, con esta nueva redacción, corresponderá aplicar las sanciones oportunas al autónomo colaborador no incluido en alta en el régimen oportuno de Seguridad Social, atajando así el fraude anteriormente existente.

3

Por otro lado, ha de saber el distinguido lector que cuando la legislación se precia subjetiva y confusa (desgraciadamente, en no pocas ocasiones) hemos de precisar la interpretación del Poder Judicial para aclarar lo legislado.

Corresponde, pues, para mostrar la próxima deficiencia, hablar de lo dispuesto en el Decreto 2530/1970, de 20 de agosto, por el que se regula el régimen especial de la Seguridad Social de los trabajadores por cuenta propia o autónomos. En concreto, cabe destacar lo expuesto en el Artículo 2:

"Concepto de trabajador por cuenta propia o autónomo.

*Uno. A los efectos de este régimen especial, se entenderá como trabajador por cuenta propia o autónomo aquel que realiza de forma **habitual**, personal y directa una actividad económica a título lucrativo sin sujeción por ella a contrato de trabajo y aunque utilice el servicio remunerado de otras personas.*

Dos. La habitualidad para los trabajadores que se ocupen en trabajos de temporada quedará referida a la duración normal de ésta.

Tres. Se presumirá, salvo prueba en contrario, que en el interesado concurre la condición de trabajador por cuenta propia o autónomo, a efectos de este Régimen Especial, si el mismo ostenta la titularidad de un establecimiento abierto al público como propietario, arrendatario, usufructuario u otro concepto análogo."

Imaginen cuántas personas se habrán planteado si cumplen o no el requisito de habitualidad que expone el artículo 2, pues atendiendo a lo expuesto en la RAE, *"habitual"* es *"que se hace, padece o posee con continuación o por hábito."*

La pregunta que corresponde, entonces, es: *¿Hago, padezco o poseo con continuación o por hábito mi actividad económica a título lucrativo sin sujeción por ella a contrato de trabajo y aunque utilice el servicio remunerado de otras personas?*

Por este motivo, el Poder Judicial hubo de proceder a interpretar lo que el legislador dejó en términos cuanto menos subjetivos, así pues, podemos contar con distintas sentencias que proceden a interpretar lo que el Poder Legislativo estableció de forma subjetiva (véase: TS 29/10/97, EDJ 8174; 20/03/07, EDJ 25434; TSJ Madrid 2/11/00, EDJ 120010; TSJ Cataluña 23/1/01, EDJ 1516; TS 30/04/02, EDJ 27241; 17/06/02, EDJ 37374; 23/09/02, EDJ 37362).

Me serviré de la STS 6441/1997 para eviden-ciar el resultado de la interpretación del Poder Judi-cial. En ella se expone, en los antecedentes de hecho, que una persona es visitada por un inspector de traba-jo, quien levanta Acta y como consecuencia de ésta, la Tesorería General de la Seguridad Social formaliza de oficio su alta en el Régimen Especial de Trabajadores Autónomos. Como consecuencia de este hecho, esta persona termina interponiendo recurso de casación ante el Tribunal Supremo, quien se ve en la obligación de interpretar el confuso Decreto de 1970, así lo reco-noce en los fundamentos de derecho, donde expone:

*"El presente recurso de casación para unifica-ción de doctrina **versa sobre el significado del requi-sito de habitualidad** que la normativa vigente sobre Seguridad Social de trabajadores autónomos (art. 2.1 y concordantes del Decreto 2530/1970) establece pa-ra el encuadramiento y afiliación en este Régimen especial..."*

Acto seguido, procede a reconocer que es su competencia aclarar lo citado en el Decreto mencio-nado, sentando de esta forma jurisprudencia. Así, ex-pone en el segundo expositivo:

*"La normativa sobre el Régimen especial de los trabajadores autónomos (RETA), **no precisa de manera completa el alcance del requisito de habitua-lidad** de la actividad económica a título lucrativo que*

se exige al trabajador autónomo o por cuenta propia para su inclusión en este Régimen especial, **ofreciendo sólo algunas indicaciones sobre el mismo respecto del trabajo de temporada** *(art. 2.2. del Decreto 2530/1970).*

Esta falta de un criterio preciso de delimitación debe ser suplida por la jurisprudencia en la resolución de litigios, *ante la necesidad de contar en el ámbito de la seguridad social con una línea de demarcación suficientemente clara de su campo de aplicación. Como bien dice la sentencia impugnada, así lo demanda la técnica del seguro público, basado en la extensión general y obligatoria de los colectivos a proteger.*

(…)

Para la decisión del caso debemos analizar en primer lugar si el criterio de la cuantía de la retribución es, entre otros posibles, un criterio apto para la apreciación del requisito de la habitualidad en el trabajo de los subagentes de seguros, y debemos pronunciarnos luego, en caso de haber dado una respuesta afirmativa a la pregunta anterior, sobre si el umbral del salario mínimo es un indicador adecuado para la determinación del cumplimiento del mismo."

Y finalmente concluye cómo ha de considerarse el requisito de habitualidad, creando en ese momento la jurisprudencia necesaria (o si me lo permite el distinguido lector: *poniendo un parche al desafortunado Decreto*) traspasando el término subjetivo de la habitualidad a un número estrictamente objetivo: el Salario Mínimo Interprofesional. Así, expone en el expositivo tercero lo siguiente:

*«**El criterio del montante de la retribución es apto para apreciar el requisito de la habitualidad.** Como ha señalado la jurisprudencia contencioso-administrativa (STS 21-12-1987 y 2- 12-1988) tal requisito hace referencia a una práctica de la actividad profesional desarrollada no esporádicamente sino con una cierta frecuencia o continuidad. A la hora de precisar este factor de frecuencia o continuidad puede parecer más exacto en principio recurrir a módulos temporales que a módulos retributivos, pero las dificultades virtualmente insuperables de concreción y de prueba de las unidades temporales determinantes de la habitualidad han inclinado a los órganos jurisdiccionales a aceptar también como indicio de habitualidad al montante de la retribución. Este recurso al criterio de la cuantía de la remuneración, que **por razones obvias resulta de más fácil cómputo y verificación que el del tiempo de dedicación**, es utilizable además, teniendo en cuenta el dato de experiencia de que en las actividades de los trabajadores autónomos o por cuenta propia el montante de la retribución guarda normalmente una correlación estrecha con el tiempo de trabajo invertido. (…).*

*A la afirmación anterior debe añadirse que **la superación del umbral del salario mínimo percibido en un año natural puede ser un indicador adecuado de habitualidad.** Aunque se trate de una cifra prevista para la remuneración del trabajo asalariado, el legislador recurre a ella con gran frecuencia como umbral de renta o de actividad en diversos campos de la política social, y específicamente en materia de Seguridad Social, de suerte que en la actual situación legal resulta probablemente el criterio operativo más usual a efectos de medir rentas o actividades. La superación de esta cifra, que está fijada precisamente para la remuneración de una entera jornada ordinaria de trabajo, puede revelar también en su aplicación al trabajo por cuenta propia (…).*

*   **La conclusión del razonamiento es que la sentencia impugnada ha dado una respuesta correcta a la cuestión controvertida.** La sentencia de contraste, que ha incluido en el requisito de habitualidad la exigencia de que la actividad del subagente de seguros constituya también su medio de vida, no se ajusta en cambio a derecho.*

*   La valoración de lo que la actividad realizada pueda significar económicamente para el asegurado es un dato subjetivo que, aparte razones de interpretación gramatical, no debe ser tenido en cuenta a efectos de encuadramiento en Seguridad Social, **don-***

de es preciso operar con criterios aplicables indistin-
tamente a todos los miembros de un grupo o colecti-
vidad de personas.»

Por lo tanto, sirviéndonos de la jurisdicción social analizada, se puede establecer que un trabajador no cumple los requisitos establecidos para proceder a su alta en el Régimen Especial de Trabajadores Autónomos si no alcanza con los ingresos obtenidos en su actividad la cifra del Salario Mínimo Interprofesional establecida.

Queda entonces establecida excepción al alta en Seguridad Social para un trabajador que trabaja por cuenta propia, quien, por otro lado, sí que estará obligado a permanecer de alta en el epígrafe correspondiente ante la Agencia Tributaria.

De este modo, la legislación y jurisdicción aplicable le está orientando al trabajador hacia el fraude, quien puede quedar tentado a no declarar todos sus ingresos con el propósito de no alcanzar el Salario Mínimo Interprofesional y, así, no quedar obligado a proceder a desembolsar mensualmente el importante montante que supone englobarse en el Régimen Especial de Trabajadores Autónomos, con el perjuicio que conlleva no sólo a la escueta *hucha* de la Seguridad Social, sino también a la Agencia Tributaria, quien no ingresará el dinero que correspondería como consecuencia del dañino fraude al que tienta el Poder Judicial.

En este sentido, habremos de considerar lo establecido en la disposición adicional cuarta de la nueva Ley 6/2017, donde se redacta lo siguiente:

"Disposición adicional cuarta. Estudio del concepto de habitualidad a efectos de la inclusión en el Régimen Especial de los Trabajadores por Cuenta Propia o Autónomos.

*En el ámbito de la Subcomisión para el estudio de la reforma del Régimen Especial de Trabajadores por Cuenta Propia o Autónomos constituida en el Congreso de los Diputados, y oídos los representantes de los trabajadores autónomos, **se procederá a la determinación de los diferentes elementos que condicionan el concepto de habitualidad a efectos de la incorporación a dicho régimen.** En particular, se prestará especial atención a los trabajadores por cuenta propia cuyos ingresos íntegros no superen la cuantía del **salario mínimo interprofesional**, en cómputo anual."*

Por lo tanto, cuando se proceda a legislar tal asunto en el ámbito de la Subcomisión creada, sería interesante considerar que este tope podría inducir al potencial defraudador a ejercitar gran parte de su actividad a través de la economía sumergida, siendo realmente complicado detectar esta situación ilícita, potencialmente peligrosa para los intereses económicos de la Tesorería General de la Seguridad Social y para la Agencia Tributaria.

CAPÍTULO II

Deficiencias legislativas que incitan a la falta de alta por cuenta ajena

Con la generación de empleo se obtienen, entre otros, los beneficios que a continuación enumero.

A) Tal vez la razón más obvia es que al generar empleo incrementa el nivel adquisitivo del empleado, lo que permite su subsistencia.

B) Cuando el empleado cobra su nómina, ese nivel adquisitivo se traduce en que puede adquirir bienes y productos grabados con impuestos que repercuten directamente en el Estado.

C) Con los servicios de un empleado, el empresario puede abordar las necesidades de su empresa, desarrollando así la función social necesaria por la que existe la empresa.

D) Con los beneficios que reporta la prestación de servicios o venta de productos de la empresa, el empresario obtiene efectivo que posteriormente empleará en comprar bienes o productos que, como ya hemos dicho, quedan grabados por impuestos.

E) Con la venta de los bienes y servicios de la empresa, se ingresa el porcentaje que queda grabado por los impuestos anexos a lo ofertado.

F) La nómina del trabajador debe tributar ante el Impuesto sobre la Renta de las Personas Físicas, importe que retiene la empresa al empleado para posteriormente abonarlo a la Agencia Tributaria, por lo que incrementa los ingresos del Estado.

G) De igual modo, el empleador también está obligado a practicar retenciones al empleado en concepto de cotización a la Seguridad Social que, por supuesto, después deberá ingresar en los recibos de liquidación de cotizaciones. En este pago, asimismo, el empleador no abona únicamente lo que le ha retenido en concepto de cotización al empleado, sino que también habrá de abonar el importe correspondiente de cotización a cargo de la empresa.

H) En el caso de contratar empleados que cobren algún tipo de prestación vinculada al desempleo, reduciremos inmediatamente el gasto que supone para el Estado.

I) Ante la complicación burocrática que supone la contratación de trabajadores, previsiblemente, el empresario se verá obligado a contratar los servicios de una asesoría, por lo que la generación de empleo, a su vez, genera nuevo empleo, comenzando nuevamente el ciclo de intereses que supone la contratación para los ciudadanos y para el Estado.

Por lo tanto, el empleo es el motor que mueve el país, la legislación que penaliza que se genere atenta directamente no sólo contra los intereses individuales de los ciudadanos, sino también contra los intereses del propio Estado.

4

En primer lugar, me gustaría comenzar exponiendo el despropósito que suponía para la generación de empleo la Ley 14/2013, de 27 de septiembre, de apoyo a los emprendedores y su internacionalización, en concreto, atendiendo a lo que se exponía en el artículo 29:

"Artículo 29. Reducciones a la Seguridad Social aplicables a los trabajadores por cuenta propia.

Se añade una nueva disposición adicional, trigésima quinta bis, al texto refundido de la Ley General de la Seguridad Social, aprobado por el Real Decreto Legislativo 1/1994, de 20 de junio, con la siguiente redacción:

«Disposición adicional trigésima quinta bis. Reducciones a la Seguridad Social aplicables a los trabajadores por cuenta propia.

1. Los trabajadores por cuenta propia que tengan 30 o más años de edad y que causen alta inicial o que no hubieran estado en situación de alta en los cinco años inmediatamente anteriores, a contar desde la fecha de efectos del alta, en el Régimen Especial de la Seguridad Social de los Trabajadores por Cuenta Propia o Autónomos, podrán aplicarse las siguientes reducciones sobre la cuota por contingencias comunes, siendo la cuota a reducir el resultado de aplicar a la base mínima de cotización que corresponda el tipo mínimo de cotización vigente en cada momento, incluida la incapacidad temporal, por un período máximo de 18 meses, según la siguiente escala:

a) Una reducción equivalente al 80 por ciento de la cuota durante los 6 meses inmediatamente siguientes a la fecha de efectos del alta.

b) Una reducción equivalente al 50 por ciento de la cuota durante los 6 meses siguientes al período señalado en la letra a).

c) Una reducción equivalente al 30 por ciento de la cuota durante los 6 meses siguientes al período señalado en la letra b).

Lo previsto en el presente apartado no resultará de aplicación a los trabajadores por cuenta propia que empleen trabajadores por cuenta ajena.

2. Los trabajadores por cuenta propia que opten por el sistema del apartado anterior, no podrán acogerse a las bonificaciones y reducciones de la disposición adicional trigésima quinta.

3. Lo dispuesto en los apartados anteriores será también de aplicación a los socios trabajadores de Cooperativas de Trabajo Asociado que estén encuadrados en el Régimen Especial de la Seguridad Social de los Trabajadores por Cuenta Propia o Autónomos, cuando cumplan los requisitos previstos en dichos apartados.

4. Las reducciones de cuotas previstas en esta disposición adicional se soportarán por el presupuesto de ingresos de la Seguridad Social."

Como puede ver el distinguido lector, la legislación penalizaba con la no aplicación de la bonificación citada a aquel autónomo ¡que contratase trabajadores!

Imagine cuántas personas no han podido ser contratadas, con los perjuicios que conlleva, como consecuencia de la pésima legislación que regulaba tan importante bonificación. Más aún, cuántos autónomos a los que se le hubiese reconocido la bonificación habrán sido penalizados con la extinción de la misma, ¡por contratar trabajadores!

Afortunadamente, con la entrada en vigor de la Ley 31/2015, de 9 de septiembre, por la que se modifica y actualiza la normativa en materia de autoempleo y se adoptan medidas de fomento y promoción del trabajo autónomo y de la Economía Social, quedaba derogado el tristemente célebre artículo expuesto. A partir de este momento, atendiendo al artículo 31, un trabajador autónomo no perdería tan importante bonificación por contratar trabajadores.

5

Si bien el Gobierno reaccionó y modificó la legislación correctamente (¡casi dos años después!), podemos ver que nuevamente volvía a *tropezar en la misma piedra* con la redacción del Real Decreto-ley 3/2014, de 28 de febrero, de medidas urgentes para el fomento del empleo y la contratación indefinida, en concreto, atendiendo a lo dispuesto en el apartado c) de su artículo único, el empresario que quisiese transformar un contrato temporal en uno indefinido para con un trabajador de su empresa se vería en la difícil elección de proceder a su transformación en indefinido y no disfrutar de ninguna bonificación o, por el contrario, finalizar su contrato temporal, no contratar a nadie en treinta días y, posteriormente, contratar nuevamente, ahora de forma indefinida, al trabajador en cuestión.

Es decir, la legislación premiaría al empleador que prescindiese de los servicios de un trabajador durante treinta días, en contra de otro empleador que directamente transformase a indefinido un contrato temporal, si éste no faltase un solo día a su puesto.

Así, procedo a exponer la citada bonificación:

"Artículo único. Reducción de las cotizaciones empresariales por contingencias comunes a la Seguridad Social por contratación indefinida.

1. Con efectos de 25 de febrero de 2014, cuando se cumplan las condiciones y requisitos establecidos en este artículo, la aportación empresarial a la cotización a la Seguridad Social por contingencias comunes se reducirá, en los supuestos de contratación indefinida, a las siguientes cuantías:

a) Si la contratación es a tiempo completo, 100 euros mensuales.

b) Si la contratación es a tiempo parcial, cuando la jornada de trabajo sea, al menos, equivalente a un 75 por 100 de la jornada de un trabajador a tiempo completo comparable, 75 euros mensuales.

c) Si la contratación es a tiempo parcial, cuando la jornada de trabajo sea, al menos, equivalente a un 50 por 100 de la jornada de un trabajador a tiempo completo comparable, 50 euros mensuales.

Estas reducciones se aplicarán durante un período de 24 meses, computados a partir de la fecha de efectos del contrato, que deberá formalizarse por escrito, y respecto de los celebrados entre el 25 de febrero de 2014 y el 31 de diciembre de 2014.

Finalizado el período de 24 meses, y durante los 12 meses siguientes, las empresas que al momento de celebrar el contrato al que se aplique la reducción cuenten con menos de diez trabajadores tendrán derecho a una reducción equivalente al 50 por 100 de la aportación empresarial a la cotización por contingencias comunes correspondiente al trabajador contratado de manera indefinida.

Cuando las fechas del alta y de la baja del trabajador en el régimen de Seguridad Social que corresponda no sean coincidentes con el primero o el último día del mes natural, el importe de la aportación empresarial a que se refiere este artículo se reducirá de forma proporcional al número de días en alta en el mes."

Como comprobará, la bonificación es, cuanto menos, interesante, lástima que uno de los requisitos es el que anteriormente explico, que textualmente dice:

*"c) Celebrar contratos indefinidos que supongan un incremento tanto del nivel de empleo indefinido como del nivel de empleo total de la empresa. Para calcular dicho incremento, se tomará como referencia el **promedio diario de trabajadores que hayan prestado servicios en la empresa en los treinta días anteriores** a la celebración del contrato."*

En la práctica, el empresario se ve incitado a mantener al trabajador ejerciendo su actividad con normalidad sin efectuar alta en Seguridad Social, con los perjuicios que ello conlleva, enumerados en la introducción a este capítulo.

6

Explicaré, a continuación, el fraude que promueve el legislador ante las peculiaridades que supone el Régimen Especial de Empleados de Hogar.

En primer lugar, es de recibo indicar que para que un inspector de trabajo pueda inspeccionar si la relación laboral que efectúa un/a empleado/a de hogar es o no lícita, debe contar con una orden judicial para poder acceder al domicilio que pretende inspeccionar. Por tal motivo, es lógico comprender que la falta de alta en Seguridad Social de los/las empleados/as de hogar sea uno de los fraudes más extendidos en el territorio nacional.

Asimismo, debe saber el distinguido lector que dentro del Régimen Especial de Empleados de Hogar, y con propósito de evitar el posible fraude que supondría ante las solicitudes de prestación o subsidio económico por desempleo, no se considera la cotización por este concepto. Por ello, el periodo cotizado en este régimen no devengará con vista a una hipotética situación de desempleo, así pues, en el caso de producirse no le reportaría ningún tipo de prestación o subsidio a la persona empleada en este régimen.

También cabe mencionar que ni empleador/a, ni empleado/a pueden deducirse los gastos que supone de la relación laboral.

Así pues, si consideramos todos los factores expuestos, es evidente que se registre tanto fraude en este régimen:

A)   Por un lado, si una persona es llamada a trabajar lícitamente en este régimen, no devengará ningún derecho a mayores con respecto al cobro de una prestación por desempleo.

B)　　　Ninguna de las dos partes podrá deducirse gasto alguno.

C)　　　Es realmente difícil que un inspector de trabajo se persone en la vivienda donde se realiza la actividad, siendo muy complicado detectar el fraude.

Sí es cierto que la cotización del/de la empleado/a de hogar computará para otras coberturas no menos importantes, véase las siguientes:

- Coberturas vinculadas a contingencias comunes: incapacidad laboral temporal por enfermedad común o accidente no laboral, las prestaciones de jubilación, incapacidad y muerte y supervivencia (prestaciones de viudedad, orfandad, auxilio por defunción, pensión y subsidio en favor de familiares) por enfermedad común o accidente no laboral, protección a la familia, prestaciones farmacéuticas, asistencia sanitaria, así como las situaciones de maternidad, paternidad, riesgo durante el embarazo y durante la lactancia natural.

- Coberturas vinculadas a contingencias profesionales: cabe distinguir que estas coberturas cubren las contingencias derivadas por accidente o enfermedad laboral, para lo cual es preciso dividir la cotización en dos grupos, uno para situaciones de incapacidad temporal y otro para invalidez, muerte y supervivencia (prestaciones de viudedad, orfandad, auxilio por defunción, pensión y subsidio en favor de familiares).

Por supuesto, si el/la empleado/a quiere hacer uso de alguna de las prestaciones que se enumeran, es preciso haber cotizado por ellas, es decir, todas las expuestas son prestaciones contributivas. O mejor dicho, casi todas, pues la asistencia sanitaria (posiblemente la más importante) responde a otro concepto totalmente diferente, para lo cual, hemos de considerar lo expuesto en los artículos 1, 2 y 3 del Real Decreto 1192/2012, de 3 de agosto, por el que se regula la condición de asegurado y de beneficiario a efectos de la asistencia sanitaria en España, con cargo a fondos públicos, a través del Sistema Nacional de Salud:

"Artículo 1. Objeto.

*Este real decreto tiene por objeto la **regulación de la condición de asegurado y de beneficiario del mismo a efectos de la asistencia sanitaria en España, con cargo a fondos públicos**, a través del Sistema Nacional de Salud, así como la regulación del reconocimiento, control y extinción de dicha condición.*

Artículo 2. De la condición de asegurado.

1. A efectos de lo dispuesto en este real decreto, son personas que ostentan la condición de aseguradas las siguientes:

a) Las que se encuentren comprendidas en alguno de los supuestos previstos en el artículo 3.2 de la Ley 16/2003, de 28 de mayo, de cohesión y calidad del Sistema Nacional de Salud, que son los siguientes:

1.º Ser trabajador por cuenta ajena o por cuenta propia, afiliado a la Seguridad Social y en situación de alta o asimilada a la de alta.

2.º Ostentar la condición de pensionista del sistema de la Seguridad Social.

3.º Ser perceptor de cualquier otra prestación periódica de la Seguridad Social, como la prestación y el subsidio por desempleo u otras de similar naturaleza.

*4.º Haber agotado la prestación o el subsidio por desempleo u otras prestaciones de similar naturaleza y **encontrarse en situación de desempleo**, no acreditando la condición de asegurado por cualquier otro título. Este supuesto no será de aplicación a las personas a las que se refiere el artículo 3 de la Ley 16/2003, de 28 de mayo.*

*b) Las no comprendidas en el apartado anterior ni en el artículo 3 de este real decreto que, **no teniendo ingresos superiores en cómputo anual a cien mil euros ni cobertura obligatoria de la prestación sanitaria por otra vía**, se encuentren en alguno de los siguientes supuestos:*

1.º Tener nacionalidad española y residir en territorio español.

2.º Ser nacionales de algún Estado miembro de la Unión Europea, del Espacio Económico Europeo o de Suiza y estar inscritos en el Registro Central de Extranjeros.

3.º Ser nacionales de un país distinto de los mencionados en los apartados anteriores, o apátridas, y titulares de una autorización para residir en territorio español, mientras ésta se mantenga vigente en los términos previstos en su normativa específica.

2. Los menores de edad sujetos a tutela administrativa siempre tendrán la consideración de personas aseguradas, salvo en los casos previstos en el artículo 3 de la Ley 16/2003, de 28 de mayo.

3. Para la aplicación del límite de ingresos previsto en el apartado 1.b) se tendrán en cuenta los ingresos íntegros obtenidos por rendimientos del trabajo, del capital, de actividades económicas y por ganancias patrimoniales. A estos efectos, en el caso de haberse presentado la declaración del Impuesto sobre la Renta de las Personas Físicas aplicado en territorio español, se tendrá en cuenta la suma del importe de las bases liquidables de dicho impuesto.

Para la aplicación del límite de ingresos regulado en este apartado se tomará como referencia el último ejercicio fiscal para los períodos comprendidos entre el 1 de noviembre del año siguiente a dicho ejercicio y el 31 de octubre posterior.

En todo caso, se entiende que no superan el límite de ingresos señalado en el apartado 1.b) los contribuyentes que, con arreglo a la normativa regu-

ladora del Impuesto sobre la Renta de las Personas Físicas, no estén obligados a declarar por dicho impuesto.

4. No tendrá la consideración de cobertura obligatoria de la prestación sanitaria a la que se refiere el apartado 1.b) la prevista normativamente para la cobertura, a través de seguros obligatorios especiales, de riesgos para la salud derivados de actividades concretas desarrolladas por la persona asegurada, bien los concierte por sí misma, bien a través de un tercero.

Tampoco tendrá esta consideración el estar encuadrado en una mutualidad de previsión social alternativa al régimen correspondiente del sistema de la Seguridad Social.

Artículo 3. De la condición de beneficiario de una persona asegurada.

1. A los efectos de lo dispuesto en este real decreto, son personas que tienen la condición de beneficiarias de un asegurado las que, cumpliendo los requisitos a que se refieren los apartados siguientes, se encuentren en alguna de las siguientes situaciones:

*a) **Ser cónyuge de la persona asegurada o** convivir con ella con una relación de afectividad análoga a la conyugal, constituyendo una **pareja de hecho**.*

*b) **Ser ex cónyuge**, o estar separado judicialmente, en ambos casos a cargo de la persona asegurada **por tener derecho a percibir una pensión compensatoria por parte de ésta**.*

c) **Ser descendiente**, *o persona asimilada a éste, de la persona asegurada o de su cónyuge, aunque esté separado judicialmente, de su ex cónyuge a cargo o de su pareja de hecho, en ambos casos a cargo del asegurado y menor de 26 años o, en caso de ser mayor de dicha edad, tener una discapacidad reconocida en un grado igual o superior al 65%.*

Tendrán la consideración de personas asimiladas a los descendientes las siguientes:

1.º Los menores sujetos a la tutela o al acogimiento legal de una persona asegurada, de su cónyuge, aunque esté separado judicialmente, o de su pareja de hecho, así como de su ex cónyuge a cargo cuando, en este último caso, la tutela o el acogimiento se hubiesen producido antes del divorcio o de la nulidad matrimonial. No obstante, los menores sujetos a tutela administrativa se regirán por lo dispuesto en el artículo 2.2.

2.º Las hermanas y los hermanos de la persona asegurada.

2. A los efectos previstos en el apartado 1.c), se entenderá que los descendientes y personas a ellos asimiladas se encuentran a cargo de una persona asegurada si conviven con la misma y dependen económicamente de ella.

A estos efectos, deberá tenerse en cuenta lo siguiente:

a) Se considerará que los menores de edad no emancipados se encuentran siempre a cargo de la persona asegurada.

b) Se considerará que, en los casos de separación por razón de trabajo, estudios o circunstancias similares, existe convivencia con la persona asegurada.

c) Se considerará que los mayores de edad y los menores emancipados no dependen económicamente de la persona asegurada si tienen unos ingresos anuales, computados en la forma señalada en el artículo 2.3, que superen el doble de la cuantía del Indicador Público de Renta de Efectos Múltiples (IPREM), también en cómputo anual.

3. Todas las personas a las que se refieren los apartados anteriores tendrán la consideración de beneficiarias siempre y cuando cumplan los siguientes requisitos:

a) No ostentar la condición de personas aseguradas con base en el artículo 2.1.a).

b) Tener residencia autorizada y efectiva en España, salvo en el caso de aquellas personas que se desplacen temporalmente a España y estén a cargo de trabajadores trasladados por su empresa fuera del territorio español, siempre que éstos se encuentren en situación asimilada a la de alta, cotizando en el correspondiente régimen de Seguridad Social español.

4. Las personas que reúnan los requisitos exigidos para tener la condición de beneficiarias con arreglo a este artículo no podrán acceder a la condición de aseguradas del artículo 2.1.b) mientras sigan cumpliendo dichos requisitos.

5. Cuando una persona pueda ostentar la condición de beneficiaria de dos o más personas asegu-

radas, solo se podrá reconocer dicha condición por una de ellas, prevaleciendo, en todo caso, la condición de beneficiaria de una persona asegurada del artículo 2.1.a)."

Por lo tanto, es realmente difícil no cumplir alguno de los requisitos que se exigen para tener acceso a la asistencia sanitaria gratuita, independientemente de que contribuyamos o no al sistema. Por ello, teniendo garantizado el apartado más importante, pese a no cotizar, y considerando lo sencillo que es defraudar al sistema por todo lo expuesto anteriormente, no es de extrañar que este sector sea uno de los más propensos al fraude.

Sin perjuicio de lo anterior, en este sentido he de reconocer lo complicado que puede resultar para el legislador atajar este asunto, pues, bajo mi opinión, no es de recibo siquiera plantear modificar la legislación en orden a que un inspector de trabajo pueda acceder a un domicilio sin orden judicial, más aún, tampoco considero adecuado modificar el Real Decreto 1192/2012, de 3 de agosto, por el que se regula la condición de asegurado y de beneficiario a efectos de la asistencia sanitaria en España, con cargo a fondos públicos, a través del Sistema Nacional de Salud, ya que correríamos el riesgo de excluir a personas necesitadas de asistencia de tan importante cobertura.

7

Justo en el momento que escribo este aforismo, en España contamos con aproximadamente 38,5 millones de personas en edad laboral, para un total de 943 inspectores de trabajo y Seguridad Social.

Si no consideramos toda la población que se emplea aún sin coincidir con la edad laboral (por ejemplo, jubilados mayores de 65 años que continúan su actividad), concluimos que, en el mejor de los casos, nos beneficiamos de un inspector de trabajo por, aproximadamente, cada 40.827 personas. Ardua labor la de éstos.

Con semejantes cifras, podemos hacernos una idea de lo complicado que es que un inspector de trabajo se cruce en nuestra actividad ilícita. Así, muchos son los que consideran apropiado arriesgarse con el fraude, pues pocas son las posibilidades de que la autoridad competente lo detecte.

Entre los fraudes más *de moda* en la sociedad actual (más adelante veremos por qué) es la falta de alta de empleados por cuenta ajena ante la Tesorería General de la Seguridad Social.

Pero… Debe saber el distinguido lector que los inspectores no sólo se mueven al azar, realizando su labor de forma aleatoria, ya que también actúan motivados por denuncias e incluso campañas de control lanzadas *desde arriba*. Entonces… ¿Qué sucede cuando un inspector detecta el fraude de falta de alta anteriormente citado?

El artículo 31 del Real Decreto 928/1998, de 14 de mayo, por el que se aprueba el Reglamento General sobre procedimientos para la imposición de sanciones por infracciones de orden social y para los expedientes liquidatorios de cuotas de la Seguridad Social, expone lo siguiente:

"1. Procederá la extensión de actas de liquidación en las deudas por cuotas originadas por:

a) *Falta de afiliación o de alta de trabajadores en cualquiera de los Regímenes del Sistema de la Seguridad Social.*

(...)"

Por lo tanto, extraemos que corresponde extender acta de liquidación al inspector que detecte falta de alta o afiliación.

En otro orden, el artículo 7 del citado Real Decreto indica lo que a continuación se expone:

"* NOTA: artículo redactado de conformidad con el artículo único.tres del Real Decreto 772/2011, de 3 de junio.

*1. Las infracciones en el orden social prescriben a los tres años contados desde la fecha de la infracción, **salvo en materia de Seguridad Social en que el plazo de prescripción es de cuatro años**, y en materia de prevención de riesgos laborales en que* *prescribirán al año las infracciones leves, a los tres años las graves y a los cinco años las muy graves, de acuerdo con su legislación específica."*

Así, comprobamos que se establecen cuatro años para la prescripción de infracciones en materia de Seguridad Social.

Y, por último, en el Real Decreto-ley 5/2011, de 29 de abril, de medidas para la regularización y control del empleo sumergido y fomento de la rehabilitación de viviendas, se expone la siguiente modificación:

"El texto refundido de la Ley de Infracciones y Sanciones en el Orden Social, aprobado por Real Decreto Legislativo 5/2000, de 4 de agosto, queda modificado como sigue:

Uno. El apartado 2 del artículo 22 queda redactado del siguiente modo:

«No solicitar la afiliación inicial o el alta de los trabajadores que ingresen a su servicio, o solicitar la misma, como consecuencia de actuación inspectora, fuera del plazo establecido. A estos efectos se considerará una infracción por cada uno de los trabajadores afectados.»

Dos. Se añade un nuevo apartado 11 al artículo 22 con la siguiente redacción:

*«La solicitud de afiliación o del alta de los trabajadores que ingresen a su servicio **fuera del plazo establecido al efecto**, cuando no mediare actuación inspectora, o su no transmisión por los obligados o acogidos a la utilización de sistemas de presentación por medios informáticos, electrónicos o telemáticos.»*

Tres. Se añade un nuevo apartado 12 al artículo 22 con la siguiente redacción:

«No comprobar por los empresarios que contraten o subcontraten con otros la realización de obras o servicios correspondientes a la propia actividad de aquéllos o que se presten de forma continuada en sus centros de trabajo, con carácter previo al inicio de la prestación de la actividad contratada o subcontratada, la afiliación o alta en la Seguridad Social de los trabajadores que estos ocupen en los mismos, considerándose una infracción por cada uno de los trabajadores afectados.»

Cuatro. Se añaden dos nuevos apartados e) y f) y se adiciona un párrafo final al artículo 40.1 con la siguiente redacción:

«e) Las infracciones señaladas en los artículos 22.2 y 23.1.a) se sancionarán:

*1.º La infracción grave del artículo 22.2 se sancionará con la multa siguiente: en su grado mínimo, **de 3.126 a 6.250 euros**; en su grado medio, de 6.251 a 8.000 euros y, en su grado máximo, de 8.001 a 10.000 euros.*

2.º La infracción muy grave del artículo 23.1.a) se sancionará con la multa siguiente: en su grado mínimo, de 10.001 a 25.000 euros; en su grado medio, de 25.001 a 100.005 euros y, en su grado máximo, de 100.006 a 187.515 euros.

f) Cuando la actuación inspectora de la que se derive la obstrucción fuera dirigida a la comprobación de la situación de alta de los trabajadores que presten servicios en una empresa y el incumplimiento de las obligaciones del empresario pudiera dar lugar a la comisión de las infracciones tipificadas en los artículos 22.2 y 23.1.a), las infracciones por obstrucción se sancionarán:

1.º Las calificadas como graves: en su grado mínimo, con multa de 3.126 a 6.250 euros; *en su grado medio, de 6.251 a 8.000 euros y, en su grado máximo, de 8.001 a 10.000 euros.*

2.º Las calificadas como muy graves: en su grado mínimo, con una multa de 10.001 a 25.000 euros; en su grado medio, de 25.001 a 100.005 euros y, en su grado máximo, de 100.006 a 187.515 euros.

Las sanciones impuestas por las infracciones previstas en el apartado e) y las calificadas como muy graves del apartado f), una vez firmes, se harán públicas en la forma que se prevea reglamentariamente.»

(…)"

Retomemos la pregunta que planteaba anteriormente: ¿Qué sucede cuando un inspector detecta el fraude de falta de alta anteriormente citado?

Pues bien, por supuesto, ante semejante situación es de recibo tramitar el alta del empleado a la mayor brevedad para que así únicamente pueda ser sancionada en grado mínimo, con multa de 3.126 €.

Una vez pagada la sanción, el defraudador echará cuentas de cómo ha resultado la experiencia... Como veremos más adelante, el coste de Seguridad Social que debe afrontar un empresario por tener a un trabajador (sólo su coste, sin contar la cuota obrera, ya que ésta es descontada de la nómina del empleado) es realmente elevado. Me serviré, por ejemplo del CNAE 1629, propio en una empresa que se dedique a la *"fabricación de otros productos de madera; artículos de corcho, cestería y espartería."* Ésta deberá cotizar dentro de las contingencias profesionales los siguientes importes:

- Por incapacidad temporal: 2,1 %.

- Por incapacidad, muerte y supervivencia: 2%.

- Total: 4,1 %.

Así pues, la cotización de empresa total que deberá abordar el empresario por la contratación de un trabajador ascenderá a lo siguiente:

- Contingencias comunes: 23,6 %.

- Desempleo: 6,7 % (considerando un contrato de duración determinada a tiempo completo, en caso de ser indefinido, el porcentaje establecido es 5,5 %).

- FOGASA: 0,2 %.

- Formación profesional: 0,6 %.

- Contingencias profesionales: 4,1 % (continuando con el ejemplo referente el CNAE que anteriormente citaba).

Por lo tanto, el porcentaje por el que debe cotizar el empresario (insisto, sólo por la cuota atribuible al empresario) es 35,2 %.

Suponiendo una nómina de 1.000 €, más dos retribuciones extraordinarias, concluimos una base de cotización de 1.166,67 €. Es decir, el total una vez aplicados los porcentajes correspondientes a la cotización por cuota de empresa ascendería, en este hipotético caso, a 410,67 €.

La operación es tan sencilla como dividir los 3.126 € que le ha costado la sanción entre el importe que debería haber abonado a la Seguridad Social mensualmente por el alta del empleado en cuestión, número que coincide con 7,61 meses. Por lo tanto, si el empleado ha estado trabajando durante 8 meses, le habrá salido rentable al empresario, quien ha ahorrado dinero defraudando al sistema.

Asimismo, como ya he indicado anteriormente, la posibilidad de que un inspector de trabajo se cruce en el camino del defraudador es de una entre 40.827, además, únicamente debe permanecer 8 meses sin que le descubran (suponiendo el ejemplo que establezco) para rentabilizar su fraude.

Más aún, procediendo de este modo, el defraudador ve reducidos drásticamente sus gastos (4.928,04 € anuales en el ejemplo citado, sin contar los gastos de gestoría casi imprescindibles), lo que le posibilita a bajar los precios de sus bienes y servicios, fomentando la competencia desleal.

Por otro lado, el empleado, pese a que la falta de alta va en su contra, ya que no cotiza (imposibilitando el cobro de cualquier tipo de pensión o prestación contributiva), se ve tentado a no poner en conocimiento de las autoridades el fraude, ya que, *en negro,* cobrará su nómina íntegra, sin padecer los descuentos correspondientes por la Agencia Tributaria (IRPF) y Seguridad Social (contingencias comunes, desempleo y formación).

Ante las facilidades que brinda el legislador al respecto de lo expuesto, no será de extrañar que cada vez nos encontremos con más casos fraudulentos, pese al nada desdeñable esfuerzo de los funcionarios de la Seguridad Social.

CAPÍTULO III

Dificultades legislativas ante la contratación de trabajadores

Sirva la introducción al anterior capítulo para recalcar los beneficios que supone al Estado la contratación de trabajadores. Insisto en reiterar que es el motor que hace que funcione el país, no sólo es imprescindible para el correcto mantenimiento del sistema de Seguridad Social, sino también para el funcionamiento de toda la nación.

Por ello, es de recibo incidir que cualquier norma que vaya contra la contratación de trabajadores es un crimen atroz no sólo contra los ciudadanos en particular, sino también contra toda la nación.

En este capítulo trataré abordar las deficiencias del legislador que atentan directamente contra la contratación de trabajadores, agrediendo indiscriminadamente al sistema. Así, expondré ciertos impedimentos al empresario que intenta contratar empleados, algunas de las penalizaciones que establece el legislador a aquellos que logran contratar y trataré explicar los elevadísimos costes que supone para el empresario, haciéndole arriesgarse al fraude, que como ya exponía en el anterior capítulo, puede llegar a gozar de cierta rentabilidad.

8

Con el propósito de contratar empleados, el empresario ha de contar con un Código de Cuenta de Cotización, número éste necesario para vincular el NIF y el número de afiliación del trabajador con la empresa frente a la Tesorería General de la Seguridad Social. Así pues, el empresario que quiera contratar por vez primera a trabajadores deberá realizar primero el trámite de obtención del Código de Cuenta de Cotización.

En este aforismo explicaré el tiempo que pierde el empresario al realizar este trámite indispensable para poder dar de alta a su empleado, tiempo durante el cual no se atribuyen los beneficios que supone la contratación de trabajadores para con el sistema.

En primer lugar, el empresario ha de autorizar a su gestor/ asesor de confianza a través del modelo FR.103, según los términos y condiciones establecidos en el artículo 5 de la Ley 39/2015, de 1 de octubre, del Procedimiento Administrativo Común de las Administraciones Públicas, para que pueda realizar en su nombre los siguientes trámites:

- Hacer uso del Sistema RED, respecto a los trámites recogidos en la normativa reguladora de este Sistema.

- Asignar a la autorización aquellos CCCs de empresario individual que se inscriban a través del Sistema RED con este NIF.

Después de que el gestor/ asesor reciba el citado modelo correctamente firmado y cumplimentado, habrá de hacerlo llegar a través del registro electrónico de solicitudes de la Seguridad Social junto con copia del NIF del empresario.

Un día después (pues los empleados públicos de la Seguridad Social son realmente efectivos y consiguen tramitar todas las autorizaciones que le llegan en menos de veinticuatro horas) el gestor/ asesor ya contará con autorización en el Sistema RED para obtener el CCC de su cliente, trámite éste que se realiza en poco más de un minuto.

Una vez contemos con un CCC, debemos contar con autorización para realizar trámites a través del Sistema RED, ahora no con respecto al NIF del empresario, sino para operar con el CCC.

En esta ocasión, el empresario habrá de firmar el modelo FR.10, a través del cual, atendiendo al mismo artículo, de la misma Ley que citaba anteriormente, se autoriza a lo mismo que se exponía en el modelo FR.103, si bien, referido al CCC obtenido.

En esta nueva autorización, y de nuevo gracias al impecable esfuerzo de los funcionarios de la Seguridad Social, al día siguiente podemos operar con el CCC en cuestión.

Pero... ¿Y si enviamos el modelo FR.10 un viernes? De ser así, la autorización no será efectiva hasta el lunes siguiente (si no cae en festivo).

Por lo tanto, en el mejor de los casos, hemos perdido dos días únicamente en conseguir el CCC necesario para poder contratar trabajadores, dos días perdidos, penalizando la cotización correspondiente, el IRPF y los ingresos necesarios para el trabajador, sin que la empresa haya podido cubrir el servicio para el que necesitaba al empleado, alargando la prestación por desempleo de éste, en caso de cobrarla. Resumiendo: contribuyendo a la destrucción del sistema.

Si tal vez dos días le parece poca pérdida para el sistema, multiplique esos dos días por la totalidad de los casos que se registren de este tipo a lo largo del año durante todo el territorio nacional, comprenderá que esos dos días (en el mejor de los casos) habrán supuesto una falta de ingresos millonaria al sistema.

Insisto, esto sucede en el mejor de los casos, pues si ha *caducado* un CCC del anterior Sistema Especial Agrario (anterior régimen 0613) y es preciso obtener un nuevo CCC del nuevo Régimen Agrario (ahora, 0163), ante la falta de previsión que encontramos en el Sistema RED, nos atendremos al menos a una semana hasta que consigamos realizar el trámite anteriormente expuesto.

Mención aparte merece la obtención de un CCC para una sociedad, ya que no es posible realizar el trámite a través del Sistema RED, siendo preciso enviar a través del registro electrónico de solicitudes de la Seguridad Social modelo TA.6 junto con copia del NIF del empresario representante, copia del CIF, copia de los estatutos de constitución de la sociedad y modelo 036 de alta en la actividad.

Una vez reciba la solicitud y su documentación anexa, desde la Tesorería General de la Seguridad Social nos facilitarán el CCC que posteriormente habremos de solicitar autorización en el Sistema RED.

Es decir, en el caso de sociedades, pese a que el trámite no puede ser realizado a través del Sistema RED, el tiempo que tardará la sociedad en obtenerlo es el mismo que si se tratase de un empresario individual, pues si bien es cierto que es preciso hacer uso del registro electrónico de solicitudes de la Seguridad Social y esperar a la asignación del funcionario (rapidísima actuación la de éstos, insisto), este tiempo extra se ve compensado con falta de necesidad de presentar modelo FR.103 y esperar a la asignación de autorización en Sistema RED del empresario individual.

9

Si bien anteriormente he hecho mención al desproporcionado coste que supone para el empresario contratar a un trabajador, corresponde ahora hacer hincapié en este asunto, pues es, sin duda, uno de los motivos que más condicionan al defraudador a adentrarse por tan peligrosos senderos.

Retomando el ejemplo expuesto anteriormente, como ya indicaba, considerando el código CNAE 1629, para empresas que se dediquen a la *"fabricación de otros productos de madera; artículos de corcho, cestería y espartería"*, como veíamos el empresario debía pagar 410,67 € en concepto de cotizaciones únicamente por la cuota de empresa, en el supuesto de una nómina de 1.000 € mensuales por catorce pagas anuales.

Por otro lado, como ya exponía anteriormente, el empresario ha de retener al trabajador un porcentaje de su retribución total devengada en concepto de IRPF y otros porcentajes correspondientes a la cotización por cuota obrera.

Como establecíamos una retribución bruta de 1.000 € mensuales más dos retribuciones extraordinarias y considerando hipotéticamente que el trabajador no cuenta con ascendientes o descendientes a cargo, tiene 33 años de edad, no cuenta con ninguna minusvalía y es soltero, cabe retener en concepto de IRPF (importe que después el empresario habrá de abonar a la Agencia Tributaria a través del modelo 111) un porcentaje aproximado de 5,42% (aproximado, pues es preciso considerar otra serie de conceptos que pueden hacer que varíe).

En otro orden, corresponde retener al trabajador en concepto de cotización lo que a continuación se desglosa sobre la base de cotización, que como veíamos, asciende a 1.166,67 €:

- Contingencias comunes: 4,7%.

- Desempleo (considerando un contrato temporal a tiempo completo): 1,6%.

- Formación profesional: 0,1%.

Así pues, resultan los siguientes importes:

- IRPF: 1.000 x 5,42% = 54,20 €

- Contingencias comunes: 1.166,67 x 4,7% = 54,83 €.

- Desempleo: 1.166,67 x 1,6% = 18,67 €.

- Formación profesional: 1.166,67 x 0,1% = 11,67 €.

Por lo que el trabajador recibiría un importe neto de 860,63 €.

Estos porcentajes atienden a lo establecido en la Orden ESS/55/2018, de 26 de enero, por la que se desarrollan las normas legales de cotización a la Seguridad Social, desempleo, protección por cese de actividad, Fondo de Garantía Salarial y formación profesional para el ejercicio 2018.

A todo lo expuesto, es preciso sumar el importe que supone contratar un plan de prevención de riesgos laborales, pues, según lo expuesto en la Ley 31/1995 de 8 de noviembre, de Prevención de Riesgos Laborales, el empresario está obligado a contar con un plan de prevención de riesgos laborales, que si bien puede ser asumido directamente por el empresario, en la práctica, se requiere un plan bien elaborado de prevención que únicamente puede ser realizado por un experto en el tema. Así pues, el empresario se verá en la obligación de contratar los servicios de una empresa ajena para que realice correctamente lo que exige la citada Ley.

El coste medio de este servicio para la actividad que propongo como ejemplo, asciende a unos 200 € al año, sin incluir los reconocimientos médicos que estipula la Ley 31/1995.

En otro orden, considerando la dificultad de llevar a cabo todos los trámites que se exigen por el alta de un trabajador, el empresario se ve en la obligación de contratar los servicios de un gestor/ asesor, quien en el mejor de los casos cobrará unos 30 € mensuales, pues habrá de confeccionar la nómina del trabajador, los seguros sociales, el modelo 111 y el modelo 190 (resumen anual del modelo 111).

Asimismo, el trámite de alta del trabajador implicará la comunicación a través del Sistema RED, la confección y registro del contrato, por lo que habrá que sumar otros 30 € en el mejor de los casos.

Llegados a este punto, hemos de considerar el coste real que supone al empresario contratar a un trabajador:

- Nómina: 1.166,67 € (incluidas pagas).
- Seguros sociales a cargo de la empresa: 410,67 €.
- Prevención de riesgos laborales: 200/12 (estableciendo el coste mensual que supone): 16,67 €.
- Coste de gestoría para la realización de nómina, seguros sociales, modelo 111 y modelo 190: 30 €.
- Coste de gestoría para la realización de alta, contrato y registro: 30 €.

Por lo que el total asciende a 1.654,01 €.

Es decir, para que el trabajador lleve a su bolsillo 860,63 €, ¡el empresario habrá de invertir 1.654,01 €! La escandalosa cantidad de 793,38 € más de lo que ingresa al trabajador.

Ante semejante situación, no es de extrañar que el trabajador termine por ceder a los interesantes derechos que confiere el sistema de Seguridad Social, pues el empresario le ofrecerá una retribución neta (*en su bolsillo*) bastante superior.

Realizando la relación laboral ilícitamente, si el empresario le abona 1.000 € netos *en negro*, al trabajador le supondrá cobrar 1.951,18 € anuales a mayores (139,37 € x 14 pagas = 1.951,18 €).

Asimismo, defraudando, el empresario se ahorra 654,01 € el primer mes (pues es cuando ha de pagar el coste de alta a la gestoría/ asesoría) y 624,01 € el resto de meses, lo que suma un total de 7.518,12 € anuales.

Cabe, además, indicar que en los contratos temporales de duración efectiva inferior a siete días, la cuota empresarial por contingencias comunes se incrementa en un treinta y seis por ciento. No se aplica a los contratos de interinidad, ni al Sistema Especial para Trabajadores por Cuenta Ajena Agrario, incluido en el Régimen General. Por lo que supondría 13,61 € adicionales por día.

Si retomamos el aforismo anterior y consideramos las pocas posibilidades que tiene el empresario de ser descubierto, más considerando la poca penalización que padecerá en el caso de ser descubierto, éste queda incitado a través de la legislación, al fraude laboral.

10

Para finalizar este capítulo, he optado por exponer un par de ejemplos de lo irracional que puede llegar a parecer el legislador cuando ¡penaliza al empresario que contrata empleados!

Sirva como primer ejemplo lo dispuesto en el Real Decreto-ley 16/2013, de 20 de diciembre, de medidas para favorecer la contratación estable y mejorar la empleabilidad de los trabajadores. Como puede comprobar el distinguido lector, el nombre del Real Decreto-ley se le asemejará a un chiste cuando comprenda lo que contempla. *¡Para favorecer la contratación estable y mejorar la empleabilidad de los trabajadores!* ¿Acaso la disposición adicional segunda *favorece la contratación estable y mejora la empleabilidad de los trabajadores?* Más bien todo lo contrario, veamos por qué:

"Disposición adicional segunda. Cuantía de la base mínima de cotización para determinados trabajadores autónomos.

Para los trabajadores incluidos en el Régimen Especial de los Trabajadores por Cuenta Propia o Autónomos *que en algún momento de cada ejercicio económico y de manera simultánea* ***hayan tenido contratado a su servicio un número de trabajadores por cuenta ajena igual o superior a diez, la base mínima de cotización*** *para el ejercicio siguiente tendrá una* ***cuantía igual a la correspondiente para los tra-***

bajadores encuadrados en el grupo de cotización 1 del Régimen General."

Con el propósito de comprender lo que conlleva la aplicación de esta disposición adicional, hemos de aclarar que la base mínima de cotización habrá de responder a lo dispuesto en el segundo punto del artículo 15 de la Orden ESS/55/2018, de 26 de enero, por la que se desarrollan las normas legales de cotización a la Seguridad Social, desempleo, protección por cese de actividad, Fondo de Garantía Salarial y formación profesional para el ejercicio 2018, donde se establece lo siguiente:

"Artículo 15. Bases y tipos de cotización.

(...)

2. Bases de cotización:

a) Base mínima de cotización: 919,80 euros mensuales.

b) Base máxima de cotización: 3.751,20 euros mensuales.

3. La base de cotización para los trabajadores autónomos que, a 1 de enero de 2018, sean menores de 47 años de edad será la elegida por éstos, dentro de los límites que representan las bases mínima y máxima.

Igual elección podrán efectuar aquellos trabajadores autónomos que en esa fecha tengan una edad de 47 años y su base de cotización en el mes de diciem-

bre de 2017 haya sido igual o superior a 2.023,50 euros mensuales, o causen alta en este régimen especial.

Los trabajadores autónomos que, a 1 de enero de 2018, tengan 47 años de edad, si su base de cotización fuera inferior a 2.023,50 euros mensuales no podrán elegir una base de cuantía superior a 2.023,50 euros mensuales, salvo que ejerciten su opción en tal sentido antes del 30 de junio de 2018, lo que producirá efectos a partir del 1 de julio del mismo año, o que se trate del cónyuge supérstite del titular del negocio que, como consecuencia del fallecimiento de este, haya tenido que ponerse al frente del mismo y darse de alta en este régimen especial con 47 años de edad, en cuyo caso no existirá dicha limitación.

4. La base de cotización de los trabajadores autónomos que, a 1 de enero de 2018, tengan cumplida la edad de 48 o más años estará comprendida entre las cuantías de 992,10 y 2.023,50 euros mensuales, salvo que se trate del cónyuge supérstite del titular del negocio que, como consecuencia del fallecimiento de este, haya tenido que ponerse al frente del mismo y darse de alta en este régimen especial con 45 o más años de edad, en cuyo caso la elección de bases estará comprendida entre las cuantías de 919,80 y 2.023,50 euros mensuales.

No obstante, la base de cotización de los trabajadores autónomos que con anterioridad a los 50 años hubieran cotizado en cualquiera de los regímenes del sistema de la Seguridad Social cinco o más años, tendrá las siguientes cuantías:

a) Si la última base de cotización acreditada hubiera sido igual o inferior a 2.023,50 euros mensuales, se habrá de cotizar por una base comprendida entre 919,80 euros mensuales y 2.023,50 euros mensuales.

b) Si la última base de cotización acreditada hubiera sido superior a 2.023,50 euros mensuales, se habrá de cotizar por una base comprendida entre 919,80 euros mensuales y el importe de aquella incrementado en un 3,00 por ciento, con el tope de la base máxima de cotización.

Lo previsto en el anterior párrafo b) será asimismo de aplicación con respecto a los trabajadores autónomos que con 48 o 49 años de edad hubieran ejercitado la opción prevista en el artículo 132, apartado Cuatro.2, párrafo segundo, de la Ley 39/2010, de 22 de diciembre, de Presupuestos Generales del Estado para el año 2011.

(...)"

Es decir, un menor de 47 años podrá optar por la base mínima de cotización: 919,80 € en el momento que escribo estas líneas. Ahora bien, *si en algún momento de cada ejercicio económico y de manera simultánea ha tenido contratado a su servicio un número de trabajadores por cuenta ajena igual o superior a diez,* quedaba penalizado para el ejercicio siguiente a la base de cotización *correspondiente para los tra-*

bajadores encuadrados en el grupo de cotización 1 del Régimen General.

Veamos, pues, cuál es la base de cotización a la que se refiere el legislador y las implicaciones económicas que conllevarán al osado autónomo que en algún momento hubiese contratado al menos a diez trabajadores de forma simultánea. Para ello, debemos atender a lo dispuesto en artículo 3 de la misma orden:

Artículo 3. Bases máximas y mínimas de cotización.

Durante el año 2018, la cotización al Régimen General por contingencias comunes estará limitada para cada grupo de categorías profesionales por las bases mínimas y máximas siguientes:

Grupo de cotización	Categorías profesionales	Bases mínimas — Euros/mes	Bases máximas — Euros/mes
1	Ingenieros y Licenciados. Personal de alta dirección no incluido en el artículo 1.3.c) del Estatuto de los Trabajadores	1.199,10	3.751,20
2	Ingenieros Técnicos, Peritos y Ayudantes Titulados	994,20	3.751,20
3	Jefes Administrativos y de Taller	864,90	3.751,20
4	Ayudantes no Titulados	858,60	3.751,20
5	Oficiales Administrativos.	858,60	3.751,20
6	Subalternos	858,60	3.751,20
7	Auxiliares Administrativos.	858,60	3.751,20

Grupo de cotización	Categorías profesionales	Bases mínimas — Euros/día	Bases máximas — Euros/día
8	Oficiales de primera y segunda	28,62	125,04
9	Oficiales de tercera y Especialistas	28,62	125,04
10	Peones	28,62	125,04
11	Trabajadores menores de dieciocho años, cualquiera que sea su categoría profesional ...	28,62	125,04

Luego entonces, la base de cotización ascenderá automáticamente de 919,80 € a 1.199,10 €. Considerando que el trabajador incluido en el Régimen Especial de Trabajadores Autónomos (en la rama del Régimen General) cotizase por las coberturas mínimas obligatorias, resultará un incremento en la cuota a pagar, después de aplicar los porcentajes establecidos en la misma orden, de lo siguiente:

- Para una base de cotización de 919,80 €:

- Por contingencias comunes (26,5%): 243,75 €.

- Por incapacidad temporal (3,3%): 30,35 €.

- Para la financiación de las prestaciones por riesgo durante el embarazo y riesgo durante la lactancia natural: (0,1%): 0,92 €.

- Total: 275,02 €.

- Para una base de cotización de 1.199,10 €:

- Por contingencias comunes (26,5%): 317,76 €.

- Por incapacidad temporal (3,3%): 39,57 €.

- Para la financiación de las prestaciones por riesgo durante el embarazo y riesgo durante la lactancia natural: (0,1%): 1,20 €.

- Total: 358,53 €.

Por lo tanto, el autónomo que ose a contratar al menos a diez trabajadores quedará penalizado en 83,51 € mensuales en el ejercicio siguiente, o lo que es lo mismo, 1.002,12 € anuales. Y esto en el mejor de los casos, pues en el ejemplo expuesto, el sujeto únicamente cotiza por las contingencias obligatorias.

Si bien es cierto que atendiendo a lo dispuesto en la disposición transitoria vigésima de la Ley 27/2011, de 1 de agosto, sobre actualización, adecuación y modernización del sistema de Seguridad Social, a priori, el incremento de la base de cotización le beneficiaría para posteriores pensiones o prestaciones a nuestro ficticio autónomo, es sencillo acreditar que la rentabilidad del incremento de la base de cotización no está garantizada. Si bien, considerando todos los beneficios de la cotización, este incremento puede beneficiarle para cobrar cualquier tipo de pensión o prestación contributiva.

Como segundo y último ejemplo en este sentido de los despropósitos del legislador que penalizaba al empresario que contrataba, procederé a explicar el castigo que recibía un autónomo incluido dentro del Régimen Agrario si decide excederse con la contratación de trabajadores.

Para comprender semejante atentado contra el empresario y, como ya explicaba, contra toda la nación, hemos de considerar lo dispuesto en el artículo 2 de la Ley 18/2007, de 4 de julio, por la que se procede a la integración de los trabajadores por cuenta propia del Régimen Especial Agrario de la Seguridad Social en el Régimen Especial de la Seguridad Social de los Trabajadores por Cuenta Propia o Autónomos, donde se expone lo siguiente:

"Artículo 2. Creación del Sistema Especial para Trabajadores por Cuenta Propia Agrarios incluidos en el Régimen Especial de los Trabajadores por Cuenta Propia o Autónomos.

1. Se establece, dentro del Régimen Especial de los Trabajadores por Cuenta Propia o Autónomos, y con efectos desde 1 de enero de 2008, el Sistema Especial para Trabajadores por Cuenta Propia Agrarios, en el que quedarán incluidos los trabajadores por cuenta propia agrarios, mayores de 18 años, que reúnan los siguientes requisitos:

(...)

c) La realización de labores agrarias de forma personal y directa en tales explotaciones agrarias, **aún cuando ocupen trabajadores por cuenta ajena, siempre que no se trate de más de dos trabajadores fijos o, de tratarse de trabajadores con contrato de trabajo de duración determinada, que el número total de jornales satisfechos a los eventuales agrarios no supere los 546 en un año, computado de fecha a fecha.**

Las **limitaciones en la contratación de trabajadores por cuenta ajena** *a que se refiere el párrafo anterior se entienden aplicables por cada explotación agraria.* **En el caso de que en la explotación agraria existan dos o más titulares,** *en alta todos ellos en el Régimen Especial de los Trabajadores por Cuenta Propia o Autónomos,* **se añadirá al número de trabajadores o jornales previstos en el párrafo anterior un** *trabajador fijo más, o 273 jornales al año, en caso de trabajadores eventuales, por cada titular de la explotación agraria, excluido el primero.*

(…)"

Por lo tanto, un autónomo incluido dentro del Régimen Agrario que ose a contratar a más trabajadores de los que se establece en el tristemente célebre artículo expuesto, quedará condenado al Régimen General, donde, por supuesto, dejará de gozar de los beneficios atribuidos al Régimen Agrario.

En este sentido, expondré a modo de resumen, cuatro beneficios inherentes al Régimen Agrario que el empresario perdería como consecuencia de contratar trabajadores.

Véase en primer lugar lo expuesto en artículo 3 de la misma Ley:

"Artículo 3. Efectos de la incorporación al Sistema Especial para Trabajadores por Cuenta Propia Agrarios.

La incorporación al Sistema Especial para Trabajadores por Cuenta Propia Agrarios previsto en el artículo anterior determinará la aplicación de las siguientes reglas en materia de cotización a la Seguridad Social:

a) Respecto de las contingencias de cobertura obligatoria, si el trabajador optara como base de co-

*tización por la base mínima que corresponda en el Régimen Especial de los Trabajadores por Cuenta Propia o Autónomos, **el tipo de cotización aplicable será del 18,75 por 100.***

Si, en cambio, el trabajador optase por una base de cotización superior a la mínima señalada en el párrafo anterior, sobre la cuantía que exceda de esta última se aplicará el tipo de cotización vigente en cada momento en el Régimen Especial de los Trabajadores por Cuenta Propia o Autónomos para las contingencias de cobertura obligatoria.

b) Respecto de las contingencias de cobertura voluntaria, la cuota se determinará aplicando, sobre la cuantía completa de la base de cotización, los tipos vigentes en el Régimen Especial de los Trabajadores por Cuenta Propia o Autónomos para dichas contingencias."

Es decir, el empresario englobado en el Régimen Agrario cotizará un 18,75% por Contingencias Comunes en lugar de un 26,5%, con los límites señalados, lo que supone un ahorro mínimo de 71,28 € mensuales a igualdad de condiciones, o lo que es lo mismo, 855,41 € al año.

Por otro lado, sepa el distinguido lector que al respecto de la contratación de trabajadores, el empresario incluido en el Régimen Agrario cuenta con atractivos beneficios que, por supuesto, perdería si incumpliese el requisito citado anteriormente. En este sentido, corresponde indicar lo dispuesto en el artículo

13 de la Orden ESS/55/2018, de 26 de enero, por la que se desarrollan las normas legales de cotización a la Seguridad Social, desempleo, protección por cese de actividad, Fondo de Garantía Salarial y formación profesional para el ejercicio 2018:

"Artículo 13. Bases y tipos de cotización en el Sistema Especial para Trabajadores por Cuenta Ajena Agrarios, establecido en el Régimen General de la Seguridad Social.

1. Base de cotización por contingencias tanto comunes como profesionales durante los períodos de actividad:

a) A partir de 1 de enero de 2018, las bases mensuales aplicables para los trabajadores incluidos en este sistema especial que presten servicios durante todo el mes se determinarán conforme a lo establecido en el artículo 147 del texto refundido de la Ley General de la Seguridad Social, con aplicación de las siguientes bases máxima y mínima:

Grupo de cotización	Categorías profesionales	Bases mínimas — Euros/mes	Bases máximas — Euros/mes
1	Ingenieros y Licenciados. Personal de alta dirección no incluido en el artículo 1.3.c) del Estatuto de los Trabajadores	1.199,10	3.751,20
2	Ingenieros Técnicos, Peritos y Ayudantes Titulados	994,20	3.751,20
3	Jefes Administrativos y de Taller	864,90	3.751,20
4	Ayudantes no Titulados	858,60	3.751,20
5	Oficiales Administrativos	858,60	3.751,20
6	Subalternos	858,60	3.751,20
7	Auxiliares Administrativos	858,60	3.751,20
8	Oficiales de primera y segunda	858,60	3.751,20
9	Oficiales de tercera y Especialistas	858,60	3.751,20
10	Peones	858,60	3.751,20
11	Trabajadores menores de 18 años	858,60	3.751,20

Las empresas que opten por esta modalidad de cotización mensual deberán comunicar dicha opción a la Tesorería General de la Seguridad Social al inicio de la actividad de los trabajadores, en los términos y condiciones que determine dicho servicio común de la Seguridad Social.

Esta modalidad de cotización deberá mantenerse durante todo el período de prestación de servicios, cuya finalización deberá comunicarse igualmente a la Tesorería General de la Seguridad Social, en los términos y condiciones que esta determine.

Cuando los trabajadores inicien o finalicen su actividad sin coincidir con el principio o fin de un mes natural, siempre que dicha actividad tenga una duración de, al menos, treinta días naturales consecutivos, la cotización se realizará con carácter proporcional a los días trabajados en el mes.

Esta modalidad de cotización mensual resultará de aplicación con carácter obligatorio para los trabajadores por cuenta ajena con contrato indefinido, sin incluir entre estos a los que presten servicios con carácter fijo discontinuo, respecto a los cuales tendrá carácter opcional.

b) A partir de 1 de enero de 2018, las bases diarias de cotización por jornadas reales correspondientes a cada uno de los grupos de trabajadores que realicen labores agrarias por cuenta ajena y respecto a los cuales no se hubiera optado por la modalidad de cotización prevista en el apartado 1.a) anterior se determinarán conforme a lo establecido en el artículo 147 del texto refundido de la Ley General de la Segu-

ridad Social, con aplicación de las siguientes bases máxima y mínima:

Grupo de cotización	Categorías profesionales	Bases mínimas diarias de cotización — Euros	Bases máximas diarias de cotización — Euros
1	Ingenieros y Licenciados. Personal de alta dirección no incluido en el artículo 1.3.c) del Estatuto de los Trabajadores	52,13	163,10
2	Ingenieros Técnicos, Peritos y Ayudantes Titulados	43,23	163,10
3	Jefes Administrativos y de Taller	37,60	163,10
4	Ayudantes no Titulados	37,33	163,10
5	Oficiales Administrativos.	37,33	163,10
6	Subalternos	37,33	163,10
7	Auxiliares Administrativos.	37,33	163,10
8	Oficiales de primera y segunda	37,33	163,10
9	Oficiales de tercera y Especialistas	37,33	163,10
10	Peones.	37,33	163,10
11	Trabajadores menores de 18 años.	37,33	163,10

Cuando se realicen en el mes natural 23 o más jornadas reales, la base de cotización correspondiente a las mismas será la establecida en el apartado 1.a) de este artículo.

2. En el año 2018, la base mensual de cotización aplicable para los trabajadores por cuenta ajena incluidos en este sistema especial, durante los períodos de inactividad será de 858,60 euros.

La cotización respecto a estos períodos de inactividad se determinará aplicando la siguiente fórmula:

$$C = [(n/N) - (jr \times 1{,}304 /N)]bc \times tc$$

En la que:

C= Cuantía de la cotización.

n= Número de días en el sistema especial sin cotización por bases mensuales de cotización.

N= Número de días de alta en el sistema especial en el mes natural.

jr= Número de días en el mes natural en los que se han realizado jornadas reales.

bc= Base de cotización mensual.

tc= Tipo de cotización aplicable, conforme a lo indicado en el apartado 3.b).

En ningún caso, la aplicación de la fórmula anterior podrá dar lugar a que C alcance un valor inferior a cero.

Cuando los trabajadores no figuren en alta en este sistema especial durante un mes natural completo, la cotización respecto de los períodos de inactividad se realizará con carácter proporcional a los días en alta en dicho mes.

3. Los tipos aplicables a la cotización de los trabajadores por cuenta ajena incluidos en este sistema especial serán los siguientes:

a) Durante los períodos de actividad:

Para la cotización por contingencias comunes, respecto a los trabajadores encuadrados en el grupo de cotización 1, el 28,30 por ciento, siendo el 23,60 por ciento a cargo de la empresa y el 4,70 por ciento a cargo del trabajador.

Respecto a los trabajadores encuadrados en los grupos de cotización 2 a 11, el 23,35 por ciento, siendo el 18,65 por ciento a cargo de la empresa y el 4,70 por ciento a cargo del trabajador.

Para la cotización por contingencias de accidentes de trabajo y enfermedades profesionales, se aplicarán los tipos de la tarifa de primas establecida en la disposición adicional cuarta de la Ley 42/2006, de 28 de diciembre, siendo las primas resultantes a cargo exclusivo de la empresa.

b) Durante los períodos de inactividad, el tipo de cotización será el 11,50 por ciento, siendo la cotización resultante a cargo exclusivo del trabajador.

*4. Durante el año 2018, se aplicarán las siguientes **reducciones en las aportaciones empresariales** a la cotización a este sistema especial durante los períodos de actividad con prestación de servicios:*

*a) En la cotización respecto a los trabajadores encuadrados en el grupo de cotización 1, **se aplicará una reducción de 8,10 puntos porcentuales de la base de cotización, resultando un tipo efectivo de cotización por contingencias comunes del 15,50 por ciento.***

En ningún caso la cuota empresarial resultante será superior a 279,00 euros al mes o 12,13 euros por jornada real trabajada.

b) En la cotización respecto a los trabajadores encuadrados en los grupos de cotización 2 al 11, la reducción se ajustará a las siguientes reglas:

*1.ª Para bases de cotización iguales o inferiores a 986,70 euros mensuales o a 42,90 euros por jornada realizada, **se aplicará una reducción de 7,11 puntos porcentuales de la base de cotización, resultando un tipo efectivo de cotización por contingencias comunes del 11,54 por ciento.***

2.ª Para bases de cotización superiores a las cuantías indicadas en el párrafo anterior, y hasta 3.751,20 euros mensuales o 163,10 euros por jornada realizada, les será de aplicación el porcentaje resultante de aplicar las siguientes fórmulas:

Para bases mensuales de cotización la fórmula a aplicar será:

$$\% \, reducción \, mes \;=\; 7,11 \, \% \;\times\; \left(1 \;+\; \frac{Base \, mes \,-\, 986,70}{Base \, mes} \;\times\; 2,52 \;\times\; \frac{6,15 \, \%}{7,11 \, \%} \right)$$

Para bases de cotización por jornadas reales la fórmula a aplicar será:

$$\% \, reducción \, jornada \;=\; 7,11 \, \% \;\times\; \left(1 \;+\; \frac{Base \, jornada \,-\, 42,90}{Base \, jornada} \;\times\; 2,52 \;\times\; \frac{6,15 \, \%}{7,11 \, \%} \right)$$

No obstante **la cuota empresarial resultante no podrá ser inferior a 81,67 euros mensuales o 3,55 euros por jornada real trabajada.**

5. Durante las situaciones de incapacidad temporal, riesgo durante el embarazo y riesgo durante la lactancia natural, así como de maternidad y paternidad causadas durante la situación de actividad, la cotización se efectuará en función de la modalidad de contratación de los trabajadores:

a) Respecto de los trabajadores agrarios con contrato indefinido, la cotización durante las referidas situaciones se regirá por las normas aplicables con carácter general en el Régimen General de la Seguridad Social.

De acuerdo con lo establecido en el artículo 106 de la Ley 3/2017, de 27 de junio, en esta cotización el tipo resultante a aplicar será:

1.º Para los trabajadores encuadrados en el grupo de cotización 1, el tipo del 15,50 por ciento, aplicable a la base de cotización por contingencias comunes.

2.º Para los trabajadores encuadrados en los grupos de cotización 2 a 11, el tipo del 2,75 por ciento, aplicable a la base de cotización por contingencias comunes.

b) Respecto de los trabajadores agrarios con contrato temporal y fijo discontinuo, resultará de aplicación lo establecido en el párrafo a) en relación a los días contratados en los que no hayan podido prestar sus servicios por encontrarse en alguna de las situaciones antes indicadas.

En cuanto a los días en los que no esté prevista la prestación de servicios, estos trabajadores estarán obligados a ingresar la cotización correspondiente a los períodos de inactividad, excepto en los supuestos de percepción de los subsidios por maternidad y paternidad, que tendrán la consideración de períodos de cotización efectiva a efectos de las correspondientes prestaciones por jubilación, incapacidad permanente y muerte y supervivencia.

6. Durante la percepción de la prestación por desempleo de nivel contributivo, si corresponde cotizar en este sistema especial, la base de cotización será la establecida en el artículo 8.

El tipo de cotización será el 11,50 por ciento.

7. Con relación a los trabajadores incluidos en el sistema especial, no resultará de aplicación la cotización adicional por horas extraordinarias a que se refiere el artículo 106. Dos. 3 de la Ley 3/2017, de 27 de junio.

Atendiendo a lo expuesto, la cotización en este régimen especial es notablemente inferior a la del Régimen General, además, se incluye el sistema de jornadas reales para que el empresario únicamente cotice por los días que realmente trabaja su empleado.

Para finalizar este apartado, indicaré un último beneficio orientado al régimen agrario que, por supuesto, también perdía el osado empresario que decidía contratar tantas personas como limita el legislador. Para ello, expondré lo dispuesto en el artículo 26 de la Orden ESS/55/2018, de 26 de enero, por la que se desarrollan las normas legales de cotización a la Seguridad Social, desempleo, protección por cese de actividad, Fondo de Garantía Salarial y formación profesional para el ejercicio 2018:

"Artículo 26. Incremento en la cuota empresarial por contingencias comunes en los contratos temporales de corta duración.

En los contratos de carácter temporal cuya duración efectiva sea inferior a siete días la cuota empresarial a la Seguridad Social por contingencias comunes se incrementará en un 36,00 por ciento. Dicho incremento no será de aplicación a los contratos de interinidad. Tampoco se aplicará en el Sistema Especial para Trabajadores por Cuenta Ajena Agrarios, establecido en el Régimen General de la Seguridad Social."

Como comprenderá el estimado lector, este último aspecto es de vital importancia para un empresario que precise contratar trabajadores para destinarles temporalmente, a través de un contrato laboral, a la realización de labores agrarias, pues no será en pocas ocasiones cuando precise contratar empleados por un periodo inferior a siete días, siendo la exención del citado incremento un matiz altamente importante para la viabilidad de su negocio.

Si bien anteriormente el empresario quedaba penalizado cuando se excedía con la contratación de trabajadores, a raíz de la entrada en vigor del artículo 12 de la nueva Ley 6/2017, donde se establece lo siguiente:

"Artículo 12. Base mínima de cotización para determinados trabajadores autónomos.

Uno. Se modifica el artículo 312 del texto refundido de la Ley General de la Seguridad Social, aprobado por el Real Decreto Legislativo 8/2015, de 30 de octubre, que queda redactado como sigue:

«Artículo 312. Base mínima de cotización para determinados trabajadores autónomos.

*1. Para los trabajadores incluidos en este régimen especial que en algún momento de cada ejercicio económico y de manera simultánea hayan tenido contratado a su servicio un número de trabajadores por cuenta ajena igual o superior a diez, **la base mínima de cotización para el ejercicio siguiente se de-***

terminará en la correspondiente Ley de Presupuestos Generales del Estado.

2. Dicha base mínima de cotización será también aplicable en cada ejercicio económico a los trabajadores autónomos incluidos en este régimen especial al amparo de lo establecido en el artículo 305.2, letras b) y e), a excepción de aquellos que causen alta inicial en el mismo, durante los doce primeros meses de su actividad, a contar desde la fecha de efectos de dicha alta.»

Dos. Lo dispuesto en el artículo 312 del texto refundido de la Ley General de la Seguridad Social, aprobado por el Real Decreto Legislativo 8/2015, de 30 de octubre, será también de aplicación a los trabajadores por cuenta propia que queden incluidos en el grupo primero de cotización del Régimen Especial de la Seguridad Social de los Trabajadores del Mar, siempre que se cumplan los requisitos establecidos en dicho artículo."

No obstante lo expuesto, pese a la mejoría que supone esta medida en materia de contratación en el Régimen Especial de Trabajadores Autónomos cabe matizar que el agricultor o ganadero englobado dentro del Régimen Agrario continuará siendo penalizado tal y como exponía anteriormente, pues no se hace mención a este colectivo en esta nueva redacción. Asimismo, como ya he indicado, los límites que establece el legislador para con este colectivo, son menores que lo que se establecía en el Régimen General, no pudiéndose exceder el autónomo en la contratación de más de dos trabajadores indefinidos o no superando con las contrataciones que realice un total de quinientas cuarenta y seis jornadas anuales en el caso de trabajadores eventuales.

CAPÍTULO IV

Deficiencias legislativas que incitan a cotizar por un importe inferior al que realmente corresponde

Por supuesto, si no se ingresa al sistema todo el importe necesario, no habrá suficiente dinero para pagar las pensiones y prestaciones, contributivas o no, que legalmente correspondan. Esto es tan sencillo como considerar el total aportado, al que habrá que sumar la rentabilidad que obtenga el Gobierno y, de ello, restar el importe que ha de ser abonado por estos conceptos.

Negativo, el resultado es negativo. Sencillamente, no cuadra.

Luego entonces, es sencillo comprender que tarde o temprano este déficit premeditado terminará con el sistema. Tal vez sea este argumento el motor que impulsa estas palabras.

Por ello, el presente capítulo reviste tanta importancia como el resto, pues, una vez se haya establecido la relación laboral, es preciso que el legislador sea estricto con el propósito de que se cotice al sistema el importe que realmente corresponde.

Cualquier deficiencia en la legislación a este respecto restará crédito al sistema y, posteriormente, no se podrá saldar el importe correspondiente.

Así de sencillo.

11

Comenzaré este capítulo con el que tal vez sea el fraude más extendido en nuestro país. Éste consiste en no cotizar por el total de horas o conceptos que realmente trabaja o devenga el empleado, con el perjuicio que supone a éste y al sistema.

Cabe reconocer, una vez más, la extraordinaria labor de los inspectores de trabajo ante este asunto, pues, como expertos que son en todo lo referente a la

Seguridad Social (en mayor medida, sin duda, que el Poder Legislativo), comprenden que éste es un problema que aviva el déficit del sistema. Así, y muy a pesar de tener que luchar no sólo contra el defraudador, sino también, en no pocas ocasiones contra el legislador, consiguen detectar y sancionar una buena parte de estos fraudes. Si bien, considerando la escueta normativa que expone el legislador para dar con el defraudador, en ocasiones pocas son *las armas* que pueden utilizar para ello.

Al respecto de salvaguardar el sistema contra el fraude de no cotizar por el total de horas trabajadas, cabe citar lo expuesto en el artículo 12 del Real Decreto Legislativo 2/2015, de 23 de octubre, por el que se aprueba el texto refundido de la Ley del Estatuto de los Trabajadores:

"Artículo 12. Contrato a tiempo parcial y contrato de relevo.

1. El contrato de trabajo se entenderá celebrado a tiempo parcial cuando se haya acordado la prestación de servicios durante un número de horas al día, a la semana, al mes o al año, inferior a la jornada de trabajo de un trabajador a tiempo completo comparable.

(…)

4. El contrato a tiempo parcial se regirá por las siguientes reglas:

a) El contrato, conforme a lo dispuesto en el artículo 8.2, se deberá formalizar necesariamente por escrito. **En el contrato deberá figurar el número de horas ordinarias de trabajo al día, a la semana, al mes o al año contratadas, así como el modo de su distribución según lo previsto en convenio colectivo.**

De no observarse estas exigencias, el contrato se presumirá celebrado a jornada completa, *salvo prueba en contrario que acredite el carácter parcial de los servicios.*

b) Cuando el contrato a tiempo parcial conlleve la ejecución de una jornada diaria inferior a la de los trabajadores a tiempo completo y esta se realice de forma partida, solo será posible efectuar una única interrupción en dicha jornada diaria, salvo que se disponga otra cosa mediante convenio colectivo.

c) Los trabajadores a tiempo parcial no podrán realizar horas extraordinarias, salvo en los supuestos a los que se refiere el artículo 35.3.

La realización de horas complementarias se regirá por lo dispuesto en el apartado 5.

En todo caso, la suma de las horas ordinarias y complementarias, incluidas las previamente pactadas y las voluntarias, no podrá exceder del límite legal del trabajo a tiempo parcial definido en el apartado 1.

A estos efectos, **la jornada de los trabajadores a tiempo parcial se registrará día a día y se totalizará mensualmente,** *entregando copia al trabajador, junto con el recibo de salarios, del resumen de todas las* *horas realizadas en cada mes, tanto las ordinarias como las complementarias a que se refiere el apartado 5.*

El empresario deberá conservar los resúmenes mensuales de los registros de jornada durante un periodo mínimo de cuatro años.

En caso de incumplimiento de las referidas obligaciones de registro, el contrato se presumirá celebrado a jornada completa, *salvo prueba en contrario que acredite el carácter parcial de los servicios."*

Por lo tanto, las únicas obligaciones adicionales del empresario referidas a un contrato a tiempo parcial son: establecer en el contrato el número de horas que realiza el trabajador, así como la distribución horaria del mismo; y registrar la jornada día a día.

Asimismo, se incide también en las normas que rigen las horas extraordinarias, lo cual comentaré a continuación.

Ahora bien, atendiendo a esta escueta legislación, entiendo que queda abierto el fraude indetectable que a continuación expondré mediante un ejemplo:

Una empresa cualquiera precisa contratar a un trabajador a jornada completa, que considerando lo expuesto en el convenio colectivo de aplicación, asciende a 40 horas semanales. Con el propósito de reducir al máximo el coste de Seguridad Social y, de paso, para conseguir que la tributación por IRPF del trabajador sea inferior, decide realizar el alta del trabajador a través de un contrato por 20 horas, mientras que las otras 20 horas restantes serán abonadas en *dinero negro.*

Por supuesto, si un inspector de trabajo comprueba que el empleado realiza su labor fuera del horario estipulado en el contrato, presumirá que la relación laboral se realiza a tiempo completo, por lo que el empresario establece el siguiente horario:

De lunes a viernes, de 9:00 a 13:00 o de 16:00 a 20:00 en turnos rotativos.

De esta forma, el trabajador puede emplearse de *9:00 a 13:00 y de 16:00 a 20:00*, ya que si se persona un inspector por la mañana puede alegar que realiza el turno de mañana, y si se persona por la tarde, puede alegar que *le toca* trabajar de tarde. Asimismo, si bien el empresario está obligado a registrar la jornada día a día, siempre podrá rellenar dos registros distintos, uno de mañana y otro de tarde, entregando al inspector el que coincida con el horario de la visita.

Así de sencillo.

Por otro lado, incluso si la visita se realiza fuera del extenso horario citado, el defraudador siempre puede considerar lo dispuesto en el apartado 5 del citado artículo, donde se expone lo siguiente:

"5. Se consideran horas complementarias las realizadas como adición a las horas ordinarias pactadas en el contrato a tiempo parcial, conforme a las siguientes reglas:

*a) El empresario solo podrá exigir la realización de horas complementarias cuando así lo hubiera pactado expresamente con el trabajador. **El pacto sobre horas complementarias podrá acordarse en el momento de la celebración del contrato a tiempo parcial o con posterioridad al mismo**, pero constituirá, en todo caso, un pacto específico respecto al contrato. **El pacto se formalizará necesariamente por escrito.***

b) Solo se podrá formalizar un pacto de horas complementarias en el caso de contratos a tiempo parcial con una jornada de trabajo no inferior a diez horas semanales en cómputo anual.

c) El pacto de horas complementarias deberá recoger el número de horas complementarias cuya realización podrá ser requerida por el empresario.

El número de horas complementarias pactadas no podrá exceder del treinta por ciento de las horas ordinarias de trabajo objeto del contrato. Los convenios colectivos podrán establecer otro porcentaje máximo, que, en ningún caso, podrá ser inferior al citado treinta por ciento ni exceder del sesenta por ciento de las horas ordinarias contratadas.

*d) **El trabajador deberá conocer el día y la hora de realización de las horas complementarias pactadas con un preaviso mínimo de tres días, salvo que el convenio establezca un plazo de preaviso inferior.***

e) El pacto de horas complementarias podrá quedar sin efecto por renuncia del trabajador, mediante un preaviso de quince días, una vez cumplido un año desde su celebración, cuando concurra alguna de las siguientes circunstancias:

1.ª La atención de las responsabilidades familiares enunciadas en el artículo 37.6.

2.ª Necesidades formativas, siempre que se acredite la incompatibilidad horaria.

3.ª Incompatibilidad con otro contrato a tiempo parcial.

f) El pacto de horas complementarias y las condiciones de realización de las mismas estarán sujetos a las reglas previstas en las letras anteriores. En caso de incumplimiento de tales reglas, la negativa del trabajador a la realización de las horas complementarias, pese a haber sido pactadas, no constituirá conducta laboral sancionable.

g) Sin perjuicio del pacto de horas complementarias, en los contratos a tiempo parcial de duración indefinida con una jornada de trabajo no inferior a diez horas semanales en cómputo anual, el empresario podrá, en cualquier momento, ofrecer al trabajador la realización de horas complementarias de aceptación voluntaria, cuyo número no podrá superar el quince por ciento, ampliables al treinta por ciento por convenio colectivo, de las horas ordinarias objeto del contrato. La negativa del trabajador a la realización de estas horas no constituirá conducta laboral sancionable.

Estas horas complementarias no se computarán a efectos de los porcentajes de horas complementarias pactadas que se establecen en la letra c).

h) La realización de horas complementarias habrá de respetar, en todo caso, los límites en materia de jornada y descansos establecidos en los artículos 34.3 y 4; 36.1 y 37.1.

*i) Las horas complementarias efectivamente realizadas se retribuirán como ordinarias, computándose a efectos de bases de cotización a la Seguridad Social y periodos de carencia y bases reguladoras de las prestaciones. A tal efecto, **el número y retribución de las horas complementarias realizadas se deberá recoger en el recibo individual de salarios y en los documentos de cotización a la Seguridad Social.***"

Así pues, comprobamos que el acuerdo de horas complementarias puede establecerse en cualquier momento, siempre por escrito, no siendo requisito que se formalice al mismo tiempo que el contrato de trabajo.

El párrafo d) establece que el trabajador debe conocer con una antelación mínima de tres días que habrá de realizar esas horas complementarias (aunque el convenio colectivo de aplicación puede señalar un plazo inferior), si bien, en ningún sitio se establece que esa predisposición haya de quedar registrada por escrito.

Y, por último, destacar que estas horas han de considerarse *en el recibo individual de salarios y en los documentos de cotización a la Seguridad Social.*

Por todo lo expuesto, únicamente con establecer un *pacto sobre horas complementarias* en cualquier momento de la relación laboral, el empresario siempre podrá alegar ante un inspector de trabajo que descubre al empleado fuera de su horario de trabajo, que en ese momento el trabajador realizaba las horas complementarias según el pacto establecido, preavisado éste con la antelación necesaria. En este caso, el empresario únicamente tendrá que cotizar en ese mes por las horas ilícitas descubiertas por el inspector.

Más aún, procedo a adjuntar las últimas noticias que tenemos al respecto, provenientes desde la Inspección de Trabajo de la Seguridad Social, quien se pronuncia en este sentido a través de nueva instrucción sobre control de la jornada (EDA 2017/505129).

De esta forma, sentencia que la omisión del registro de la jornada diaria de trabajo no es constitutiva de una infracción del orden social, delimitando más aún los pocos recursos con los que cuenta para afrontar tan importante problema.

Sepa el distinguido lector que en esta nueva instrucción, se pretende matizar la anterior, en la que se pronunciaba al respecto de la intensificación del control en materia de tiempo de trabajo y de horas extraordinarias (DG ITSS Instr. 3/2016).

Sin más dilación, procedo a adjuntar el citado informe con el propósito de que saque sus propias conclusiones al respecto:

MINISTERIO
DE EMPLEO Y
SEGURIDAD SOCIAL

INSTRUCCIÓN 1/2017, DE LA DIRECCIÓN GENERAL DE LA INSPECCIÓN DE TRABAJO Y SEGURIDAD SOCIAL COMPLEMENTARIA A LA INSTRUCCIÓN 3/2016, DE 21 DE MARZO, SOBRE INTENSIFICACIÓN DEL CONTROL EN MATERIA DE TIEMPO DE TRABAJO Y DE HORAS EXTRAORDINARIAS.

La reciente sentencia 246/2017 del Tribunal Supremo, de 27 de marzo, dictada como consecuencia del recurso de casación presentado por Bankia contra la sentencia de la Sala de lo Social de la Audiencia Nacional, de fecha 4 de diciembre de 2015, en proceso de conflicto colectivo, por la que se condenaba a la citada entidad a "establecer un sistema de registro de la jornada diaria efectiva que realiza la plantilla, que permita comprobar el adecuado cumplimiento de los horarios pactados, tanto en el convenio sectorial como en los pactos de empresa que sean de aplicación, así como que proceda a dar traslado a la representación legal de los trabajadores de la información sobre las horas extraordinarias realizadas, en cómputo mensual, de acuerdo con lo previsto en el artículo 35.5 del Estatuto de los Trabajadores y en la Disposición Adicional Tercera del Real Decreto 1561/1995 y en el artículo 32.5 del Convenio Sectorial de Ahorro" ha casado y anulado la sentencia de la AN, **en el particular relativo a la condena a la recurrente a establecer un sistema de registro de la jornada diaria efectiva que realiza su plantilla.**

La razón de este fallo es, tal y como se indica en el fundamento de derecho quinto, que el artículo 35-5 del ET no exige la llevanza de un registro de la jornada diaria efectiva de toda la plantilla para poder comprobar el cumplimiento de los horarios pactados, como establece la sentencia recurrida. La Sentencia tiene tres votos particulares. Se exponen a continuación muy sucintamente los argumentos de la STS:

a) La obligación del empresario de anotar (registrar) se extiende solo a las horas extraordinarias y no a toda la jornada de trabajo. Haciendo una interpretación lógico-sistemática del artículo 35.5 del ET, el TS señala que "el legislador constriñe el deber empresarial que nos ocupa al registro diario de las horas extra por cuanto de ser otra su intención habría incluido esa disposición en el artículo 34 que regula la jornada ordinaria".

b) Este argumento se refuerza al referirse a los registros de tiempo de trabajo en el caso de los contratos a tiempo parcial, de los trabajadores móviles, de la marina mercante y de ferroviarios porque "nos muestran que cuando el legislador quiere un registro de toda la jornada laboral y el control horario lo dice expresamente".

c) También indica que la normativa española se ajusta a la de la Unión Europea, pues "(esta) impone, al igual que la española, la necesidad de llevar un registro de las jornadas especiales, pero no de la ordinaria cuando no se sobrepase la jornada máxima".

d) En referencia a la normativa nacional y comunitaria en materia de "protección de datos, de creación de archivos de datos, y del control de estos" afirma que "la creación de este registro implica un aumento del control empresarial de la prestación de servicios y un tratamiento de los datos obtenidos, máxime en los supuestos de jornada flexible, de trabajo

www.meyss.es/itss
dgitss@mityss.es

Pº DE LA CASTELLANA, 63
28071-MADRID
TEL: 91 3631152
FAX: 91 3630678

MINISTERIO
DE EMPLEO Y
SEGURIDAD SOCIAL

en la calle o en casa, que pueden suponer una injerencia indebida de la empresa en la intimidad y libertad del trabajador, así como en otros derechos fundamentales".

e) En otro orden de cosas, en un pronunciamiento *obiter dictum* (pues este no era el objeto de la litis), la Sentencia de referencia alude a la falta de tipificación en la LISOS de "la falta de llevanza, o incorrecta llevanza del registro" remitiendo el asunto a una falta leve dentro del terreno de las obligaciones meramente formales o documentales.

f) La Sentencia del TS concluye que "la solución dada no deja indefenso al trabajador a la hora de probar la realización de horas extraordinarias, pues a final de mes la empresa le notificará el número de horas extra realizadas, o su no realización, lo que le permitirá reclamar frente a esa comunicación".

g) Finalmente, el TS hace un llamamiento al legislador para que regule esta cuestión expresamente ya que "de lege data" la obligación de llevar un registro horario "no existe por ahora y los Tribunales no pueden suplir al legislador imponiendo a la empresa el establecimiento de un complicado sistema de control horario, mediante una condena genérica".

Resulta clara la incidencia de esta Sentencia en el contenido de la Instrucción 3/2016, de 21 de marzo, sobre intensificación del control en materia de tiempo de trabajo y de horas extraordinarias por lo que esta Dirección General cree necesario complementar la referida Instrucción para adecuar la actuación inspectora a la interpretación que el Tribunal Supremo ha realizado sobre el artículo 35.5 del Estatuto de los Trabajadores en las actuaciones inspectoras en la materia que nos ocupa. La doctrina contenida en esta Sentencia ha sido reiterada en otra posterior, de fecha 20 de abril de 2017 (número 338/20017, recurso de casación 116/2016), que se remite por entero a aquella.

Por lo expuesto, esta Dirección General, en su condición de Autoridad Central de la Inspección de Trabajo y Seguridad Social, en ejercicio de las competencias reconocidas en el artículo 47.5 del Reglamento de Organización y Funcionamiento de la Inspección de Trabajo y Seguridad Social, aprobado por Real Decreto 138/2000 de 4 de febrero, a propuesta de la Subdirección General para la Coordinación en materia de Relaciones Laborales, Prevención de Riesgos Laborales y Medidas de Igualdad, acuerda complementar la Instrucción 3/2016, de 21 de marzo, sobre intensificación del control en materia de tiempo de trabajo y de horas extraordinarias, en los términos que a continuación se exponen:

PRIMERO: La Instrucción señalaba como objetivo la intensificación del control en determinados sectores del cumplimiento de la normativa sobre tiempo de trabajo en general y en particular la realización de horas extraordinarias, verificando la no superación del máximo legal, así como la adecuada remuneración y cotización de aquéllas. Asímismo, indicaba que **se prestará atención a la llevanza del registro de jornada** y a los derechos de información de los representantes de los trabajadores en la materia.

SEGUNDO: A la vista de las sentencias citadas, la única materia que queda afectada en las futuras actuaciones inspectoras es la relacionada con la llevanza del registro de jornada, por cuanto no siendo una obligación exigible a las empresas **con carácter general, la omisión del registro de la jornada diaria de trabajo no es constitutiva, en cuanto tal, de una infracción del orden social**

www.meyss.es/itss
dgitss@meyss.es

Pº DE LA CASTELLANA, 63
28071-MADRID
TEL: 91 3631152
FAX: 91 3630678

105

MINISTERIO
DE EMPLEO Y
SEGURIDAD SOCIAL

SUBSECRETARIA

DIRECCION GENERAL DE LA
INSPECCION DE TRABAJO Y
SEGURIDAD SOCIAL

El resto de los aspectos de la Instrucción se mantienen plenamente vigentes.

TERCERO: Los medios de convicción a utilizar por los inspectores para verificar el cumplimiento de los límites legales y convencionales en materia de tiempo de trabajo y horas extraordinarias se detallan en el Anexo II. 1, a) de la Instrucción, donde se recoge la información a recabar en las visitas de Inspección. Dicha información se refiere a una pluralidad de aspectos y no se limitan al registro de la jornada diaria. No obstante, el registro de la jornada sigue siendo un posible medio de prueba allí donde esté implantado y, en estos casos, los inspectores de trabajo pueden seguir acudiendo a él al realizar comprobaciones en materia de tiempo de trabajo, sin perjuicio de lo señalado en el apartado anterior sobre el carácter no sancionable de su omisión. La ausencia de un control diario de la jornada de trabajo por parte de la empresa no impide a la Inspección desplegar sus actuaciones de comprobación mediante las facultades de que dispone y que están reconocidas por la Ley 23/2015, de 21 de julio, Ordenadora de la Inspección de Trabajo y Seguridad Social. En otras palabras, **el control del tiempo de trabajo –la jornada- siempre ha sido y sigue siendo posible, más aún por tratarse de una de las contraprestaciones básicas del contrato de trabajo.**

CUARTO: Por tanto, la no obligatoriedad del registro de la jornada diaria de trabajo no exime a las empresas de respetar los límites legales y convencionales en materia de tiempo de trabajo y horas extraordinarias. La cuestión entonces se ciñe a establecer los mecanismos de comprobación del cumplimiento o no de la obligación empresarial de respetar estos límites. Dado que compete a la Inspección de Trabajo y Seguridad Social velar por este cumplimiento, debe para ello desplegar las actuaciones de comprobación pertinentes a los efectos de reflejar los hechos que sustenten las eventuales infracciones en las actas correspondientes. A falta de contabilización de horas por la empresa la Inspección debe poder establecer los hechos en que basa los incumplimientos, que seguramente tendrán que ser completados por razonamientos o deducciones lógicas, según la doctrina de la prueba indiciaria. Un análisis detallado sobre la forma en la que actúa la prueba de indicios en el ámbito penal, sin duda trasladable al ámbito del derecho administrativo sancionador, puede verse en la STS (Sala de lo Penal) 72/2015, de 18 de febrero, dictada en recurso de casación 1799/2014. Lo que es claro es que la mera ausencia de registro de la jornada de trabajo no hace claudicar la función de control que tiene encomendada la Inspección de Trabajo y Seguridad Social.

QUINTO: Aunque la Instrucción 3/2016 no se refiere a la obligación de registro de la jornada diaria en los contratos a tiempo parcial o en los trabajadores móviles en el transporte por carretera, la marina mercante y ferroviarios considera esta Dirección General que no está de más advertir que esta obligación no se cuestiona por las Sentencias del Tribunal Supremo a las que nos hemos referido, dado que existen normas específicas que establecen expresamente esta obligación.

www.meyss.es/itss
digital@meyss.es

Pº DE LA CASTELLANA, 63
28071-MADRID
TEL: 91 3631152
FAX: 91 3630670

106

MINISTERIO
DE EMPLEO Y
SEGURIDAD SOCIAL

CONCLUSIÓN:

a) La instrucción 3/2016, de 21 de marzo sigue vigente, excepción hecha del aspecto atinente a la obligación empresarial de registrar la jornada diaria de trabajo que, a tenor de las sentencias indicadas no existe, salvo para las excepciones que en las mismas se indican, y por tanto la omisión del registro no puede considerarse en sí misma como infracción social.

b) La doctrina contenida en las citadas sentencias no afecta a la obligación empresarial de respetar los límites legales y convencionales en materia de tiempo de trabajo y horas extraordinarias, siendo función esencial de la Inspección de Trabajo y Seguridad Social controlar este cumplimiento.

c) La Inspección de Trabajo y Seguridad Social puede y debe realizar las actuaciones de comprobación para la detección de eventuales infracciones. Si bien no será posible recoger como infracción la falta de registro de la jornada diaria de trabajo a que se refiere el artículo 35.5 ET, dado el TS señala que no pesa esta obligación sobre el empresario, la Inspección podrá determinar las infracciones sancionables de los hechos que contravengan las normas sobre tiempo de trabajo y horas extraordinarias sobre la base de las comprobaciones inspectoras.

d) Las normas sobre registro de la jornada en trabajadores a tiempo parcial, trabajadores móviles en el transporte por carretera, de la marina mercante o ferroviarios no quedan afectadas por la doctrina del Tribunal Supremo y la Inspección debe seguir exigiendo a las empresas la llevanza de los registros y proponiendo las sanciones por los incumplimientos.

Madrid, 18 de mayo de 2017

EL DIRECTOR GENERAL
AUTORIDAD CENTRAL
DE LA INSPECCIÓN DE TRABAJO
Y SEGURIDAD SOCIAL

Gabriel Álvarez del Egido

SRES. SUBDIRECTORES GENERALES, DIRECTORA ESPECIAL, DIRECTORA DE LA ESCUELA, DIRECTORES TERRITORIALES Y JEFES DE INSPECCIÓN DE TRABAJO Y SEGURIDAD SOCIAL.

www.meyss.es/itss
dgitss@meyss.es

Pº DE LA CASTELLANA, 63
28071-MADRID
TEL: 91 363 11 52
FAX: 91 363 06 78

107

Por supuesto que éste es un asunto realmente difícil de atajar, en este aspecto, he de considerar que la función del legislador se torna complicada y, como ya exponía, la labor de los inspectores es destacable, pues, contando con muy pocas opciones, ahora menos que nunca, son capaces de detectar a muchos de los defraudadores que comprometen el sistema.

12

Explicaré, a continuación, cómo un ilógico plazo de tres días para realizar la variación de peculiaridades de cotización de un trabajador por cuenta ajena puede comprometer el importe que ha de abonarse a la Seguridad Social en este sentido.

Para ello, hemos de considerar lo dispuesto en el Real Decreto 84/1996, de 26 de enero, por el que se aprueba el Reglamento General sobre inscripción de empresas y afiliación, altas, bajas y variaciones de datos de trabajadores en la Seguridad Social. Comenzamos por el artículo 5, donde se establece lo siguiente:

"Artículo 5. Obligatoriedad de la inscripción y de otras comunicaciones del empresario.

(...)

*3. **Los empresarios deberán comunicar** también **a la Tesorería General de la Seguridad Social** la* *realización de actividades económicas distintas de las declaradas al solicitar la inscripción inicial, siempre que impliquen la producción de bienes o servicios que no se integren en el proceso productivo de la actividad económica principal;* **los datos de los trabajadores de la empresa que presenten especialidades en materia de cotización;** *las variaciones que se produzcan en los datos facilitados con anterioridad y cualesquiera otras circunstancias que a estos efectos determine el Ministerio de Trabajo e Inmigración."*

Por supuesto, hasta aquí todo bien, evidentemente, con el fin de llevar un control, y así evitar el fraude, será preciso informar de las variaciones de datos en lo referente a cotización de los trabajadores. Mas el artículo 32 establece el plazo en el que ha de realizarse el trámite. Así, expone lo siguiente:

"Artículo 32. Forma, lugar y plazo de las solicitudes de altas, bajas y variaciones de datos.

1. La iniciación en la prestación de servicios a la empresa o el cese en la misma por los trabajadores por cuenta ajena y la iniciación o el cese en la actividad desarrollada por los trabajadores por cuenta propia se comunicarán necesariamente mediante los correspondientes modelos oficiales de solicitud, acompañados de los documentos establecidos al efecto en los artículos 30, 31 y 40 y siguientes de este Reglamento, o por los procedimientos especiales establecidos al efecto.

2. Las solicitudes para el alta de los trabajadores, bien solas, si se tratare de altas sucesivas, o bien juntamente con las solicitudes de afiliación, si se tratare de altas iniciales, deberán ir dirigidas a la Dirección Provincial de la Tesorería General de la Seguridad Social o Administraciones de la misma en la provincia en que esté domiciliada la empresa a la que preste sus servicios el trabajador por cuenta ajena o asimilado o en la que radique el establecimiento o, en su defecto, tenga su domicilio el trabajador por cuenta propia.

Las solicitudes para la baja y variaciones de datos de trabajadores deberán dirigirse a la Dirección Provincial de la Tesorería General de la Seguridad Social o Administración de la misma en que aquéllos hayan sido dados de alta.

Si las solicitudes de altas, bajas o variaciones de datos se presentaren en otra Dirección Provincial de la Tesorería General de la Seguridad Social o Administración de la misma o en los lugares previstos en el artículo 38.4 de la Ley 30/1992, de 26 de noviembre, se estará a lo dispuesto en el apartado 1.1.º del artículo 27 y, en su caso, en el artículo 39 de este Reglamento.

3. Las solicitudes de alta, baja y variaciones de datos de los trabajadores deberán formularse en los plazos siguientes:

1.º Las solicitudes de alta deberán presentarse por los sujetos obligados con carácter previo al comienzo de la prestación de servicios por el trabajador, sin que en ningún caso puedan serlo antes de los

60 días naturales anteriores al previsto para el inicio de aquella.

Lo dispuesto en el párrafo anterior se entiende sin perjuicio de lo especialmente previsto en los artículos 43 y siguientes de este reglamento.

En todo caso, cuando el empresario no cumpliera su obligación de solicitar el alta de sus trabajadores o asimilados dentro de plazo, estos, sin perjuicio de las responsabilidades en que aquel pueda incurrir, podrán solicitarla directamente en cualquier momento posterior a la constatación de dicho incumplimiento. En estos supuestos, la dirección provincial de la Tesorería General de la Seguridad Social o la administración de la Seguridad Social dará cuenta de tales solicitudes a la Inspección de Trabajo y Seguridad Social, al objeto de las comprobaciones y efectos que procedan.

2.º Las solicitudes de baja y de variaciones de datos de los trabajadores deberán presentarse dentro del plazo de los tres días naturales siguientes al del cese en el trabajo o a aquel en que la variación se produzca.

3.º Excepcionalmente, el Director General de la Tesorería General de la Seguridad Social podrá autorizar la presentación de las solicitudes de alta, baja y variación de datos de los trabajadores en otros plazos distintos a los establecidos con carácter general en los párrafos 1.º y 2.º a aquellos empresarios que justifiquen debidamente su dificultad para cumplirlos.

Las autorizaciones concedidas podrán ser re-
vocadas si se pusiera de manifiesto que con ellas se
originan perjuicios a los trabajadores en orden a su
derecho a las prestaciones o se dificulta el cumpli-
miento de las obligaciones de los responsables del
pago en materia de Seguridad Social o la gestión y el
control del proceso recaudatorio de la Tesorería Ge-
neral de la Seguridad Social.

4. Las variaciones de los datos relativos a los
trabajadores facilitados en las solicitudes de alta, en
todo lo que no se halle previsto en el número anterior,
se regirán por lo dispuesto en el artículo 28 de este
Reglamento.

5. De las solicitudes de altas, bajas y comuni-
caciones de variaciones de datos, así como de la do-
cumentación que presenten los interesados, éstos po-
drán exigir copia sellada en los términos regulados
en los artículos 35.c) y 70.3 de la Ley 30/1992, de 26
de noviembre."

Además, al realizar el trámite, comprobamos
que el Sistema RED, desde donde es obligatorio actuar, no permite realizar este tipo de variaciones previamente. Luego entonces, valiéndonos del plazo que
permite el legislador, y quedando obligados por el
Sistema RED, veamos el fraude al que se incita al
empresario.

Otro de los fraudes más actuales consiste en
establecer una categoría inferior para el trabajador con
respecto a las funciones que realiza. Por supuesto,

ante una visita de un inspector de trabajo, este fraude quedará al descubierto, pues éste detectará que las funciones realizadas no son acordes a la categoría expuesta. Ahora bien, el empresario únicamente habrá de alegar que esas funciones se realizan desde un periodo máximo de tres días anterior a la visita del inspector, estando aún en plazo para regularizar tal situación. De este modo, el empresario puede contar con trabajadores actuando en cualquier materia, considerando únicamente la categoría más baja para éstos, así el importe será considerablemente más bajo, defraudando no sólo al sistema de Seguridad Social y a la Agencia Tributaria (al ser inferiores los ingresos que se han de realizar por cotización y por IRPF, respectivamente), sino también ¡al propio empleado!

Ante semejante panorama, el empresario puede defraudar ilimitadamente con los perjuicios que ello supone, por supuesto, hasta que se interponga en su camino un inspector de trabajo, que como ya veíamos anteriormente no es muy probable.

Pensará el distinguido lector que el empleado siempre puede acceder a los juzgados para que se le reconozcan sus derechos económicos, si bien, habrá de probar que realmente realiza las funciones que se establecen en el convenio colectivo de aplicación, sin duda, complicada labor ésta. Además, en la actualidad, con los elevadísimos índices de desempleo existentes, pocos son los osados trabajadores que se atreven a poner en conocimiento el fraude al que son sometidos, pues, lógicamente, prefieren un empleo mal remunerado a terminar en situación de desempleo.

13

Lícito es, atendiendo a la legislación actual, obtener más ingresos en situación de incapacidad temporal, que realizando la propia función para la que el empresario requiere al trabajador.

En primer lugar, cabe exponer lo dispuesto en los artículos 171, 172 y 173 del Real Decreto Legislativo 8/2015, de 30 de octubre, por el que se aprueba el texto refundido de la Ley General de la Seguridad Social, donde se indica quiénes son los beneficiarios del subsidio por incapacidad temporal, asimismo, también regula quiénes son los sujetos obligados al abono de éste a favor del empleado.

"Artículo 171. Prestación económica.

*La prestación económica en las diversas situaciones constitutivas de incapacidad temporal **consistirá en un subsidio equivalente a un tanto por ciento sobre la base reguladora**, que se fijará y se hará efectivo en los términos establecidos en esta ley y en sus normas de desarrollo.*

Artículo 172. Beneficiarios.

Serán beneficiarios del subsidio por incapacidad temporal las personas incluidas en este Régimen General que se encuentren en cualquiera de las situaciones determinadas en el artículo 169, siempre que, además de reunir la condición general exigida en el artículo 165.1, acrediten los siguientes períodos mínimos de cotización:

a) En caso de enfermedad común, ciento ochenta días dentro de los cinco años inmediatamente anteriores al hecho causante.

b) En caso de accidente, sea o no de trabajo, y de enfermedad profesional, no se exigirá ningún período previo de cotización.

Artículo 173. Nacimiento y duración del derecho al subsidio.

1. En caso de accidente de trabajo o enfermedad profesional, el subsidio se abonará desde el día siguiente al de la baja en el trabajo, estando a cargo del empresario el salario íntegro correspondiente al día de la baja.

En caso de enfermedad común o de accidente no laboral, el subsidio se abonará a partir del cuarto día de baja en el trabajo, si bien desde el día cuarto al decimoquinto de baja, ambos inclusive, el subsidio estará a cargo del empresario.

2. El subsidio se abonará mientras el beneficiario se encuentre en situación de incapacidad temporal, conforme a lo establecido en el artículo 169.

3. Durante las situaciones de huelga y cierre patronal el trabajador no tendrá derecho a la prestación económica por incapacidad temporal.”

Así pues, comprobamos que el trabajador que cae enfermo, o padece un accidente, puede contar con un subsidio durante el tiempo que dure su baja por incapacidad temporal, lo cual, desde mi punto de vista, es un gran mérito del sistema que hemos de cuidar.

El problema no reside en este subsidio, el cual me parece muy interesante, el problema radica en que una gran parte de convenios colectivos recogen un "complemento I.T." que garantiza al empleado percibir el importe íntegro de sus retribuciones salariales. Si a esto le sumamos el importe que pueda obtener, además, como indemnización ante un seguro que haya contratado para cubrir este concepto, comprobaremos que el trabajador que padece un periodo de incapacidad temporal estará percibiendo un importe superior al de su renta habitual. Ante semejante situación, es lógico que sean muchos los trabajadores que alargan su periodo de incapacidad temporal, el cual se sustenta con cargo al sistema de Seguridad Social.

14

Sepa el distinguido lector que en caso de reclamar a través de la Unidad de Recaudación Ejecutiva de la Tesorería General de la Seguridad Social, los sueldos, salarios, pensiones y prestaciones económicas que pudieran corresponder embargar al deudor, el empresario que cuente con éste, por supuesto, en alta ante la Tesorería General de la Seguridad Social, recibirá notificación a través del modelo TVA-329, donde se le expondrá cuál es la forma de proceder ante el embargo expuesto.

Así pues, se le indicará lo expuesto en el artículo 133 del Real Decreto 1637/1995, de 6 de octubre, por el que se aprueba el Reglamento General de Recaudación de los Recursos del sistema de la Seguridad Social, donde se indica lo siguiente:

"Artículo 133. Particularidades de su embargo.

*1. **Cuando se embarguen sueldos, salarios y pensiones** conforme a lo establecido en el artículo 119 de este Reglamento, el embargo se documentará en la correspondiente diligencia, que se notificará al deudor y al pagador. Este vendrá obligado a retener las cantidades procedentes, en cada caso, ingresando la cantidad retenida a disposición del Recaudador Ejecutivo de la Seguridad Social en la cuenta restringida de recaudación **hasta el límite de la cantidad adeudada.***

2. Si el deudor es beneficiario de más de una de dichas prestaciones, a efectos de deducir la parte inembargable se acumularán todas ellas conforme a lo establecido en el apartado 1.b) del artículo 119 de este Reglamento y la cantidad embargada podrá detraerse de la percepción o percepciones que fije la Unidad de Recaudación Ejecutiva. Pero si el deudor propone expresamente otra, le será aceptada, si ello no supone obstáculo para el cobro.

3. Cuando el embargo comprenda percepciones futuras, aún no devengadas, y existan otros bienes embargables, una vez cobradas las devengadas, podrán embargarse dichos bienes, sin esperar a los posibles devengos sucesivos, continuándose el apremio por su orden y respecto del débito pendiente sobre los demás bienes del deudor.

Una vez cubierto el débito, el órgano de recaudación comunicará al pagador la suspensión de las retenciones."

Veamos, entonces, dónde se establece el *límite de la cantidad adeudada*, para lo cual, debemos atenernos a lo dispuesto en el artículo 607 de la Ley 1/2000, de 7 de enero, de Enjuiciamiento Civil:

"Artículo 607. Embargo de sueldos y pensiones.

*1. Es **inembargable el salario, sueldo, pensión, retribución o su equivalente, que no exceda de la cuantía señalada para el salario mínimo interprofesional.***

*2. Los salarios, sueldos, jornales, retribuciones o pensiones **que sean superiores al salario mínimo interprofesional se embargarán conforme a esta escala:***

*1.º Para la primera cuantía adicional hasta la que suponga **el importe del doble del salario mínimo interprofesional, el 30 por 100.***

*2.º Para la cuantía adicional hasta **el importe equivalente a un tercer salario mínimo interprofesional, el 50 por 100.***

*3.º Para la cuantía adicional hasta **el importe equivalente a un cuarto salario mínimo interprofesional, el 60 por 100.***

*4.º Para la cuantía adicional hasta **el importe equivalente a un quinto salario mínimo interprofesional, el 75 por 100.***

*5.º **Para cualquier cantidad que exceda de la anterior cuantía, el 90 por 100.***

*3. Si el ejecutado es beneficiario de más de una percepción, se acumularán todas ellas para deducir una sola vez la parte inembargable. Igualmente serán acumulables los salarios, sueldos y pensiones, retribuciones o equivalentes de los cónyuges **cuando el régimen económico que les rija no sea el de separación de bienes** y rentas de toda clase, circunstancia que habrán de acreditar al Secretario judicial.*

4. En atención a las cargas familiares del ejecutado, el Secretario judicial podrá aplicar una rebaja de entre un 10 a un 15 por ciento en los porcentajes establecidos en los números 1.º, 2.º, 3.º y 4.º del apartado 2 del presente artículo.

5. Si los salarios, sueldos, pensiones o retribuciones estuvieron gravados con descuentos permanentes o transitorios de carácter público, en razón de la legislación fiscal, tributaria o de Seguridad Social, la cantidad líquida que percibiera el ejecutado, deduci-

dos éstos, será la que sirva de tipo para regular el embargo.

6. Los anteriores apartados de este artículo serán de aplicación a los ingresos procedentes de actividades profesionales y mercantiles autónomas.

7. Las cantidades embargadas de conformidad con lo previsto en este precepto podrán ser entregadas directamente a la parte ejecutante, en la cuenta que ésta designe previamente, si así lo acuerda el Secretario judicial encargado de la ejecución.

En este caso, tanto la persona o entidad que practique la retención y su posterior entrega como el ejecutante, deberán informar trimestralmente al Secretario judicial sobre las sumas remitidas y recibidas, respectivamente, quedando a salvo en todo caso las alegaciones que el ejecutado pueda formular, ya sea porque considere que la deuda se halla abonada totalmente y en consecuencia debe dejarse sin efecto la traba, o porque las retenciones o entregas no se estuvieran realizando conforme a lo acordado por el Secretario judicial.

Contra la resolución del Secretario judicial acordando tal entrega directa cabrá recurso directo de revisión ante el Tribunal."

Luego entonces, el empleado deudor únicamente habrá de acordar con el empresario la percepción de una retribución por debajo de los límites anteriormente dispuestos para *esquivar* el embargo. Es tan sencillo como acordar un contrato a tiempo parcial por las horas precisas para que la retribución no exceda del salario mínimo interprofesional. Como recordará, ya he expuesto anteriormente lo sencillo que puede resultar para ambas partes actuar de esta forma ilícita. Así, empresario y trabajador pactarán una retribución ilícita por las horas que este último realice ilegalmente, ahorrándose de paso la tributación por IRPF que correspondería (impuesto éste progresivo que, en el supuesto de que la retribución sea inferior al salario mínimo interprofesional, será inexistente ¡incluso en la retribución que sí se declara en la nómina!), así como por la cotización correspondiente por cuota obrera y cuota de empresa en concepto de seguros sociales. Como puede ver, este fraude al que incita el legislador no sólo atenta contra los intereses del beneficiario del cobro del embargo, sino que además atenta directamente contra la Tesorería General de la Seguridad Social y la Agencia Tributaria, una vez más, a favor del defraudador y en contra de los intereses de la nación.

15

En este orden, atendiendo a los límites establecidos por el legislador, también se incita de forma similar al fraude, esta vez, en lo referente al complemento por mínimos de cualquier tipo de pensión. Por ello, expondré lo establecido en el Anexo I del Real Decreto 1079/2017, de 29 de diciembre, sobre revalorización de pensiones de Clases Pasivas, de las pensiones del sistema de la Seguridad Social y de otras prestaciones sociales públicas para el ejercicio 2018:

"ANEXO I

Cuantías de pensiones y prestaciones públicas aplicables en 2018

I. Complementos por mínimos

1. Cuantías mínimas de las pensiones de la modalidad contributiva del Sistema de la Seguridad Social para el año 2018:

Clase de pensión	Titulares		
	Con cónyuge a cargo – Euros/año	Sin cónyuge: unidad económica unipersonal – Euros/año	Con cónyuge no a cargo – Euros/año
Jubilación			
Titular con sesenta y cinco años.	11.044,60	8.950,20	8.493,80
Titular menor de sesenta y cinco años.	10.353,00	8.372,00	7.914,20
Titular con sesenta y cinco años procedente de gran invalidez.	16.567,60	13.426,00	12.741,40
Incapacidad Permanente			
Gran invalidez.	16.567,60	13.426,00	12.741,40
Absoluta.	11.044,60	8.950,20	8.493,80
Total: Titular con sesenta y cinco años.	11.044,60	8.950,20	8.493,80
Total: Titular con edad entre sesenta y sesenta y cuatro años.	10.353,00	8.372,00	7.914,20
Total: Derivada de enfermedad común menor de sesenta años.	5.566,40	5.566,40	(1)
Parcial del régimen de accidentes de trabajo: Titular con sesenta y cinco años.	11.044,60	8.950,20	8.493,80
Viudedad			
Titular con cargas familiares.		10.353,00	
Titular con sesenta y cinco años o con discapacidad en grado igual o superior al 65 por 100.		8.950,20	
Titular con edad entre sesenta y sesenta y cuatro años.		8.372,00	
Titular con menos de sesenta años.		6.778,80	

(1) 55 % de la base mínima de cotización del Régimen General.

122

Clase de pensión	Euros/año
Orfandad	
Por beneficiario.	2.734,20
Por beneficiario menor de 18 años con una discapacidad en grado igual o superior al 65 por 100.	5.381,60
En la orfandad absoluta el mínimo se incrementará en 6.778,80 euros/año distribuidos, en su caso, entre los beneficiarios.	

Clase de pensión	Euros/año
En favor de familiares	
Por beneficiario.	2.734,20
Si no existe viudo ni huérfano pensionistas:	
Un solo beneficiario con sesenta y cinco años.	6.609,40
Un solo beneficiario menor de sesenta y cinco años.	6.228,60
Varios beneficiarios: El mínimo asignado a cada uno de ellos se incrementará en el importe que resulte de prorratear 4.044,60 euros/año entre el número de beneficiarios.	

Límite de ingresos *para el reconocimiento de complementos económicos por mínimos:*

– En 2018:

• *Sin cónyuge a cargo: 7.133,97 euros/año.*

• *Con cónyuge a cargo: 8.321,85 euros/año.*

2. Cuantías mínimas de las pensiones de Clases Pasivas para el año 2018:

	A Pensión mínima mensual – Euros	B Ingresos anuales máximos – Euros
Pensión de jubilación o retiro cuando existe cónyuge a cargo del titular.	788,90	18.178,57
Pensión de jubilación o retiro sin cónyuge: Unidad económica unipersonal.	639,30	16.084,17
Pensión de jubilación o retiro con cónyuge no a cargo.	606,70	15.627,77
Pensión de viudedad.	639,30	16.084,17
Pensión o pensiones en favor de otros familiares, siendo «n» el número de beneficiarios de la pensión o pensiones.	$\frac{623,20}{n}$	$7.133,97 + \frac{8.724,80}{n}$

En el supuesto de pensión o pensiones en favor de otros familiares que fueran percibidas por varios beneficiarios, la cifra resultante de la columna A del cuadro anterior no será inferior a 195,30 euros mensuales, respecto de cada uno de aquellos beneficiarios cuyos ingresos anuales no superen a los que figuran en la columna B. No obstante, cuando alguno de los beneficiarios sea huérfano discapacitado menor de 18 años con una discapacidad en grado igual o superior al 65 por ciento, la cuantía mínima a reconocer a dicho huérfano será de 384,40 euros mensuales, siempre que cumpla el requisito de límite de ingresos citado.

***Límite de ingresos** para el reconocimiento de complementos económicos para mínimos:*

En 2018: 7.133,97 euros/año.

II. Cuantías de otras pensiones y prestaciones públicas

1. Límite máximo de percepción de pensión pública: 2.580,13 euros/mes o 36.121,82 euros/año.

2. Pensiones del extinguido Seguro Obligatorio de Vejez e Invalidez (SOVI):

– Pensiones del SOVI no concurrentes: 5.728,80 euros/año.

– Pensiones del SOVI concurrentes con pensiones de viudedad de alguno de los regímenes del sistema de la Seguridad Social o con alguna de estas pensiones y, además, con cualquier otra pensión pública de viudedad: 5.560,80 euros/año.

3. Pensiones de la Seguridad Social en su modalidad no contributiva: 5.178,60 euros/año.

– Complemento de pensión para el alquiler de vivienda: 525 euros anuales.

4. Prestaciones familiares de la Seguridad Social:

– Asignación económica por hijo o menor a cargo sin discapacidad: 291,00 euros/año.

– Asignación económica por hijo o menor a cargo con un grado de discapacidad igual o superior al 33 por ciento: 1.000,00 euros/año.

– Asignación económica por hijo a cargo mayor de 18 años con discapacidad:

• Con un grado de discapacidad igual o superior al 65 por ciento: 4.438,80 euros/año.

• Con un grado de discapacidad igual o superior al 75 por ciento y con necesidad de concurso de otra persona para la realización de los actos esenciales de la vida: 6.658,80 euros/año.

– Prestación por nacimiento o adopción de hijo, en supuestos de familias numerosas, monoparentales y de madres con discapacidad establecida en el artículo 357 y cuya cuantía se recoge en el artículo 358 del texto refundido de la Ley General de la Seguridad Social: 1.000,00 euros.

*– **Límite de ingresos** para el reconocimiento de las prestaciones familiares de la Seguridad Social por hijo o menor a cargo:*

• *Cuantía a la que se refiere el párrafo primero del artículo 352.1.c) del texto refundido de la Ley General de la Seguridad Social (hijos o menor a cargo sin discapacidad): 11.605,77 euros/año.*

• *Cuantía a la que se refiere el párrafo segundo del artículo 352.1.c) del texto refundido de la Ley General de la Seguridad Social (familia numerosa): 17.467,40 euros/año, incrementándose en 2.829,24 euros por cada hijo a cargo a partir del cuarto, éste incluido.*

5. Subsidios económicos del texto refundido de la Ley General de derechos de las personas con discapacidad y de su inclusión social, aprobado por el Real Decreto Legislativo 1/2013, de 29 de noviembre:

– Subsidio de garantía de ingresos mínimos: 149,86 euros/mes.

– Subsidio por ayuda de tercera persona: 58,45 euros/mes.

– Subsidio de movilidad y compensación por gastos de transporte: 63,50 euros/mes.

6. Pensiones asistenciales de la Ley 45/1960, de 21 de julio y Real Decreto 2620/1981, de 24 de julio: 149,86 euros/mes.

7. Cuantía de la prestación económica establecida por la Ley 3/2005, de 18 de marzo: 7.201,25 euros/año."

Parece lógico que haya que establecer limitaciones de ingresos para aquellas personas que perciban este importe por complemento a mínimos, de esta forma se garantiza una pensión mínima, favoreciendo a los más necesitados… A priori, ésta es la finalidad del legislador, si bien en la práctica, estas limitaciones tientan al perceptor de estos conceptos a que opte por camuflar sus ingresos a través de la economía sumergida, penalizando la tributación que correspondiese ante la Agencia Tributaria, de tal modo, el defraudador conseguirá limitar sus ingresos declarados adaptándolos a lo expuesto en los límites que otorga el legislador.

Por supuesto, de la picaresca del defraudador no es culpable el legislador, ya que no puede incidir en la moral de las personas, si bien, si condicionamos el cobro de un importe a no traspasar un límite, estamos incitando a éste a encubrir ingresos con el propósito de no llegar al número que le apartaría del complemento, defraudando, de paso, a la Agencia Tributaria.

Sirva de ejemplo el pensionista mayor de 65 años que percibe junto a su pensión por jubilación un complemento por mínimos por cónyuge a cargo, por lo que le corresponde que la pensión quede complementada hasta 788,90 € por 14 pagas al año. Supongamos que alquila, además, propiedades por importe de 800 € mensuales, o lo que es lo mismo, 9.600 € anuales. Si declara todo el importe que percibe en este concepto, incumplirá el límite establecido de 8.321,85 € al año, por lo que corresponderá a la Seguridad Social reclamar el importe recibido indebidamente en concepto de complemento a mínimos.

Nuestro defraudador únicamente habrá de declarar una renta mensual de 650 €, defraudando la tributación que corresponda por esos 150 € restantes que percibirá a través de economía sumergida, de esta forma, declarará unos ingresos por este concepto por importe de 7.800 € anuales, cumpliendo así el límite establecido por el legislador.

Este límite indica al defraudador hasta dónde ha de declarar para seguir obteniendo su complemento por mínimos, atentando, de paso, no sólo contra el sistema de Seguridad Social, sino también contra la Hacienda Pública.

Es de recibo aclarar que el importe abonable por complemento a mínimos va a cargo de los Presupuestos Generales del Estado, por lo que no afecta directamente al sistema de Seguridad Social, si bien, si consideramos que viene siendo habitual dotar al sistema de crédito vía impuestos a través de los Presupuestos Generales del Estado para poder sustentarlo, comprenderá el distinguido lector la estrecha relación que mantiene esta figura con el sistema de Seguridad Social.

16

Supongamos, en esta ocasión, que un trabajador englobado dentro del Régimen Especial de Trabajadores Autónomos pretende incrementar su base de cotización con vistas a que la pensión por jubilación que perciba en un futuro sea superior.

En el supuesto de que la pensión que perciba el beneficiario quede por debajo de los importes citados anteriormente, la normativa garantizará la percepción de un complemento a mínimos.

Carecerá de importancia la reducción que habría de aplicarse a la pensión a percibir en el supuesto de que el trabajador no cuente con el suficiente tiempo cotizado, alcanzando siempre el importe establecido para el complemento a mínimos, de esta forma, económicamente se valorará igual al trabajador que cuente con 40 años cotizados con respecto a aquél que únicamente cuente con 15 años.

De igual modo, también carecerá de importancia que la pensión por jubilación del pensionista quede por debajo del importe establecido como complemento a mínimos, aunque ésta se deba a que la suma de las bases de cotización precisas para el cálculo sean muy bajas. De este modo, y como veremos a continuación mediante ejemplos, en algunas ocasiones se premiará igual a aquel que incremente su base de cotización, incrementando su coste real, con respecto a un trabajador que continúe con la base mínima de cotización.

Para comprender estas líneas, es necesario exponer lo establecido en el artículo 1 de la Ley 27/2011 de 1 de agosto, sobre actualización, adecuación y modernización del sistema de Seguridad Social, por el que se modifica lo expuesto en el artículo 50 de la Ley

General de la Seguridad Social, aprobado por Real Decreto Legislativo 1/1994, de 20 de junio:

"Artículo 1. Complementos para pensiones inferiores a la mínima.

Se introducen las siguientes modificaciones en el Texto Refundido de la Ley General de la Seguridad Social, aprobado por Real Decreto Legislativo 1/1994, de 20 de junio:

Uno. Se da nueva redacción al artículo 50, en los siguientes términos:

Artículo 50. Complementos para pensiones inferiores a la mínima.

*1. Los beneficiarios de pensiones del sistema de la Seguridad Social, en su modalidad contributiva, **que no perciban rendimientos del trabajo, del capital o de actividades económicas y ganancias patrimoniales, de acuerdo con el concepto establecido para dichas rentas en el Impuesto sobre la Renta de las Personas Físicas, o que, percibiéndolos, no excedan de la cuantía que anualmente establezca la correspondiente Ley de Presupuestos Generales del Estado**, tendrán derecho a percibir los complementos necesarios para alcanzar la cuantía mínima de las pensiones, **siempre que residan en territorio español**, en los términos que legal o reglamentariamente se determinen.*

Los complementos por mínimos serán incompatibles con la percepción por el pensionista de los

130

rendimientos indicados en el párrafo anterior, cuando la suma de todas las percepciones mencionadas, excluida la pensión que se vaya a complementar, exceda el límite fijado en la correspondiente Ley de Presupuestos Generales del Estado para cada ejercicio.

A efectos del reconocimiento de los complementos por mínimos de las pensiones contributivas de la Seguridad Social, de los rendimientos íntegros percibidos por el pensionista, y computados en los términos establecidos en la legislación fiscal, se excluirán los siguientes:

a) En los rendimientos íntegros procedentes del trabajo, los gastos deducibles, de acuerdo con la legislación fiscal.

b) En los rendimientos íntegros procedentes de actividades económicas, los gastos deducibles, de acuerdo con la legislación fiscal.

c) En los rendimientos íntegros procedentes de bienes inmuebles, los gastos deducibles, de acuerdo con la legislación fiscal.

2. El importe de dichos complementos en ningún caso podrá superar la cuantía establecida en cada ejercicio para las pensiones de jubilación e invalidez en su modalidad no contributiva. Cuando exista cónyuge a cargo del pensionista, el importe de tales complementos no podrá rebasar la cuantía que correspondería a la pensión no contributiva por aplicación de lo establecido en el apartado 1, 1.º, del artículo 145 para las unidades económicas en las que concurran dos beneficiarios con derecho a pensión.

Cuando la pensión de orfandad se incremente en la cuantía de la pensión de viudedad, el límite de la cuantía de los complementos a mínimos a que se refiere el párrafo anterior sólo quedará referido al de la pensión de viudedad que genera el incremento de la pensión de orfandad.

Los pensionistas de gran invalidez que tengan reconocido el complemento destinado a remunerar a la persona que le atiende no resultarán afectados por los límites establecidos en este apartado."

Por tanto, los únicos requisitos que se establecen para poder acceder al complemento a mínimos son residir en territorio nacional (lo cual considero una gran idea, pues así ese importe previsiblemente se reinvertirá en el país) y no superar los límites de ingresos expuestos en el anterior aforismo.

A continuación desarrollaré tres curiosos ejemplos del despropósito que conlleva el citado artículo, donde el distinguido lector podrá comprobar que, como consecuencia de aquél, el trabajador obtendrá más rentabilidad al no invertir en el sistema de Seguridad Social propuesto.

Ejemplo 1:

María Pérez, quien no era capaz de encontrar un empleo por cuenta ajena ante la implacable crisis económica que azota el país, decidió, en 2016, a sus 46 años de edad, alquilar un pequeño local en una conocida calle de su ciudad, con el propósito de montar una modesta papelería.

Por supuesto, María tramitó su alta censal ante la Agencia Tributaria en el epígrafe correspondiente, así como su alta en el Régimen Especial de Trabajadores Autónomos de la Seguridad Social, estableciendo el código CNAE 4762 (*Comercio al por menor de periódicos y artículos de papelería en establecimientos especializados*), por no citar el sinfín de requisitos que le exigió el Ayuntamiento de su localidad para poder abrir su negocio al público.

Esta trabajadora, anteriormente sólo había trabajado de forma consecutiva, a partir de los 30 años de edad, un total de 6 años y 4 meses en otro negocio por cuenta ajena, aunque a tiempo parcial, en concreto, sólo realizaba el 50% de una jornada a tiempo completo equiparable. Por lo tanto, únicamente contaba con una cotización de 3 años y 2 meses acreditados, ya que sus días computaban tan sólo la mitad a efectos de cotización.

Si bien es cierto que María era muy capaz empleándose en su negocio, no era precisamente una experta en lo que se refiere al sistema de Seguridad Social, que por otro lado, tampoco se le exigía. Así, decidió por su cuenta establecer una base de cotización de 1.200 € *para que en un futuro le quedase una buena pensión,* al menos, eso es lo que ella pensaba. Al tramitar su alta, en el modelo TA.0521/1 no marcó la casilla que indicaba "SOLICITA el INCREMENTO automático de la Base de Cotización en el mismo porcentaje en que se incremente la Base Máxima de

Cotización del Régimen Especial", por lo que la cuota que abonaba por quedar englobada dentro del Régimen Especial de Trabajadores Autónomos permaneció constante al quedar la base de cotización en todo momento por encima de la base mínima.

Asimismo, decidió cotizar por todas las coberturas opcionales y obligatorias que le proponía el sistema, por lo que su recibo de Seguridad Social ascendía a lo siguiente:

- 1.200 x 26.5% (contingencias comunes): 318 €.

- 1.200 x 2,8% (incapacidad temporal): 33,6 €.

- 1.200 x 1,65% (contingencias profesionales): 19,8 €.

- 1.200 x 2,2% (cese de actividad): 26,4 €.

TOTAL: 397,8 €/mensuales.

Así colmó dos años de trabajo, hasta que leyó un artículo en una revista que le pareció interesante, éste exponía el despropósito que suponía cotizar por cese de actividad. Su autor, exponiendo los exagerados requisitos que era preciso cumplir para poder acceder a esta prestación, se decantaba por establecer que *no merecía la pena cotizar por esta contingencia*. María, interesándose en el artículo, contactó con el asesor encargado de redactar aquellas líneas, topando con AJP, quien concertó una cita personalizada en su despacho profesional. A propósito de justificar el estudio realizado, es importante matizar que aquella cita tuvo lugar en el año 2017.

AJP, procedió a analizar el recibo que le presentó María para comprobar si realmente cotizaba por cese de actividad, lo cual quedó enseguida acreditado. Más aún, quedó sorprendido ante la generosa base de cotización que mostraba su nueva clienta. El asesor, profundizando en el asunto, decidió realizar un estudio para comprobar si realmente María recuperaría ese dinero que estaba *invirtiendo* en la Seguridad Social.

En primer lugar, el asesor estimó cuánto tiempo habría cotizado su clienta el día que cumpliese 65 años, así, comprobó que previsiblemente colmaría un total de 16 años y un par de meses, por lo que atendiendo a lo establecido en el segundo punto del artículo 4 de la Ley 27/2011, de 1 de agosto, sobre actualización, adecuación y modernización del sistema de Seguridad Social:

"Se introducen las siguientes modificaciones en el Texto Refundido de la Ley General de la Seguridad Social, aprobado por Real Decreto Legislativo 1/1994, de 20 de junio:

(...)

Dos. Se incorpora una nueva disposición transitoria, la vigésima, con la siguiente redacción:

«Disposición transitoria vigésima. Aplicación paulatina de la edad de jubilación y de los años de cotización.

Las edades de jubilación y el período de cotización a que se refiere la letra a) del apartado 1 del artículo 161 se aplicarán de forma gradual, en los términos que resultan del siguiente cuadro:

Año	Períodos cotizados	Edad exigida
2013	*35 años y 3 meses o más.*	*65 años.*
	Menos de 35 años y 3 meses.	*65 años y 1 mes.*
2014	*35 años y 6 meses o más.*	*65 años.*
	Menos de 35 años y 6 meses.	*65 años y 2 meses.*
2015	*35 años y 9 meses o más.*	*65 años.*
	Menos de 35 años y 9 meses.	*65 años y 3 meses.*
2016	*36 o más años.*	*65 años.*
	Menos de 36 años.	*65 años y 4 meses.*
2017	*36 años y 3 meses o más.*	*65 años.*
	Menos de 36 años y 3 meses.	*65 años y 5 meses.*

2018	*36 años y 6 meses o más.*	*65 años.*
	Menos de 36 años y 6 meses.	*65 años y 6 meses.*
2019	*36 años y 9 meses o más.*	*65 años.*
	Menos de 36 años y 9 meses.	*65 años y 8 meses.*
2020	*37 o más años.*	*65 años.*
	Menos de 37 años.	*65 años y 10 meses.*
2021	*37 años y 3 meses o más.*	*65 años.*
	Menos de 37 años y 3 meses.	*66 años.*
2022	*37 años y 6 meses o más.*	*65 años.*
	Menos de 37 años y 6 meses.	*66 años y 2 meses.*
2023	*37 años y 9 meses o más.*	*65 años.*
	Menos de 37 años y 9 meses.	*66 años y 4 meses.*
2024	*38 o más años.*	*65 años.*

Año		
	Menos de 38 años.	66 años y 6 meses.
2025	38 años y 3 meses o más.	65 años.
	Menos de 38 años y 3 meses.	66 años y 8 meses.
2026	38 años y 3 meses o más.	65 años.
	Menos de 38 años y 3 meses.	66 años y 10 meses.
A partir del año 2027	38 años y 6 meses o más.	65 años.
	Menos de 38 años y 6 meses.	67 años.

Por lo tanto, AJP, estimó la edad legal de jubilación a los 67 años.

Acto seguido, consideró cuál sería la fórmula que le aplicarían a María para calcular su pensión, así, se fue a lo dispuesto en el cuarto punto del mismo artículo, de la misma Ley, donde se establece:

"Cuatro. Se da una nueva redacción a la disposición transitoria quinta, en los siguientes términos:

«*Disposición transitoria quinta. Normas transitorias sobre base reguladora de la pensión de jubilación.*

1. Lo previsto en el apartado 1 del artículo 162 de la presente Ley, se aplicará de forma gradual del siguiente modo:

A partir de 1 de enero de 2013, la base reguladora de la pensión de jubilación será el resultado de dividir por 224 las bases de cotización durante los 192 meses inmediatamente anteriores al mes previo al del hecho causante.

A partir de 1 de enero de 2014, la base reguladora de la pensión de jubilación será el resultado de dividir por 238 las bases de cotización durante los 204 meses inmediatamente anteriores al mes previo al del hecho causante.

A partir de 1 de enero de 2015, la base reguladora de la pensión de jubilación será el resultado de dividir por 252 las bases de cotización durante los 216 meses inmediatamente anteriores al mes previo al del hecho causante.

A partir de 1 de enero de 2016, la base reguladora de la pensión de jubilación será el resultado de dividir por 266 las bases de cotización durante los 228 meses inmediatamente anteriores al mes previo al del hecho causante.

A partir de 1 de enero de 2017, la base reguladora de la pensión de jubilación será el resultado de dividir por 280 las bases de cotización durante los

240 meses inmediatamente anteriores al mes previo al del hecho causante.

A partir de 1 de enero de 2018, la base reguladora de la pensión de jubilación será el resultado de dividir por 294 las bases de cotización durante los 252 meses inmediatamente anteriores al mes previo al del hecho causante.

A partir de 1 de enero de 2019, la base reguladora de la pensión de jubilación será el resultado de dividir por 308 las bases de cotización durante los 264 meses inmediatamente anteriores al mes previo al del hecho causante.

A partir de 1 de enero de 2020, la base reguladora de la pensión de jubilación será el resultado de dividir por 322 las bases de cotización durante los 276 meses inmediatamente anteriores al mes previo al del hecho causante.

A partir de 1 de enero de 2021, la base reguladora de la pensión de jubilación será el resultado de dividir por 336 las bases de cotización durante los 288 meses inmediatamente anteriores al mes previo al del hecho causante.

A partir de 1 de enero de 2022, la base reguladora de la pensión de jubilación se calculará aplicando, en su integridad, lo establecido en el apartado 1 del artículo 162.

(...)".

Así pues, vayamos al apartado 1 del artículo 162 del Real Decreto Legislativo 8/2015, de 30 de octubre, por el que se aprueba el texto refundido de la Ley General de la Seguridad Social, el cual recibe nueva redacción a través, esta vez, del punto tercero del mismo artículo, de la misma Ley, donde se establece:

"Tres. Se da nueva redacción al apartado 1 del artículo 162, en los siguientes términos:

"1. La base reguladora de la pensión de jubilación, en su modalidad contributiva, será el cociente que resulte de dividir por 350, las bases de cotización del beneficiario durante los 300 meses inmediatamente anteriores al mes previo al del hecho causante.

1.1 El cómputo de las bases a que se refiere el párrafo anterior se realizará conforme a las siguientes reglas, de las que es expresión matemática la formula que figura al final del presente apartado.

1.ª Las bases correspondientes a los 24 meses anteriores al mes previo al del hecho causante se computarán en su valor nominal.

2.ª Las restantes bases de cotización se actualizarán de acuerdo con la evolución que haya experimentado el índice de precios al consumo desde el mes a que aquéllas correspondan, hasta el mes inmediato anterior a aquél en que se inicie el periodo a que se refiere la regla anterior.

$$Br = \dfrac{\displaystyle\sum_{i=1}^{24} B_i + \sum_{i=25}^{300} B_i \dfrac{I_{25}}{I_i}}{350}$$

Siendo:

Br = *Base reguladora*

Bi = *Base de cotización del mes i-ésimo anterior al mes previo al del hecho causante.*

Ii = *Índice general de precios al consumo del mes i-ésimo anterior al mes previo al del hecho causante.*

Siendo i = 1,2,..., 300.

1.2 Si en el período que haya de tomarse para el cálculo de la base reguladora aparecieran meses durante los cuales no hubiese existido obligación de cotizar, las primeras cuarenta y ocho mensualidades se integrarán con la base mínima de entre todas las existentes en cada momento, y el resto de mensualidades con el 50 por 100 de dicha base mínima.

En los supuestos en que en alguno de los meses a tener en cuenta para la determinación de la base reguladora, la obligación de cotizar exista sólo durante una parte del mismo, procederá la integración señalada en el párrafo anterior, por la parte del mes en que no exista obligación de cotizar, siempre que la base de cotización correspondiente al primer período no alcance la cuantía de la base mínima men-

sual señalada. En tal supuesto, la integración alcan-
zará hasta esta última cuantía".

Luego entonces, AJP, consideró que a su clienta le tendrían en cuenta a efectos del cálculo únicamente las 25 últimas bases de cotización. La suma total de todas ellas, previa actualización con la desviación del IPC mes a mes sería el importe que posteriormente habría que dividir entre 350. Así resultaría el importe de la pensión por jubilación de María.

A continuación, AJP hizo dos estimaciones, en la primera, calcularía el valor de la pensión si María continuase con la misma base, en la segunda estimación, consideraría cambiar la base de cotización de su clienta al mínimo permitido, que con 47 años aún podía optar a la base mínima de cotización.

Primera Estimación:

Considerando la fórmula anteriormente citada, AJP estimó los últimos 25 años cotizados, considerando una base de cotización de 1.200 € desde que su clienta tramitó su alta en el Régimen Especial de Trabajadores Autónomos, estimando como 0 los periodos no cotizados. Posteriormente, procedió a actualizar con la desviación del IPC (salvo los dos últimos años) todas las bases y dividió entre 350 el resultado de la suma de todas aquellas. He aquí el desglose de las bases y el resultado:

Base Reguladora (25 años) = 359.091,36 / 350 = 1.025,98 €.

2036	ENE	FEB	MAR	ABR	MAY	JUN	JUL	AGO	SEP	OCT	NOV	DIC
B. introducida	1.200,00	1.200,00	1.200,00	1.200,00	1.200,00	1.200,00	1.200,00	1.200,00	1.200,00	1.200,00	1.200,00	
I. actualización	1	1	1	1	1	1	1	1	1	1	1	
B. actualizada	1.200,00	1.200,00	1.200,00	1.200,00	1.200,00	1.200,00	1.200,00	1.200,00	1.200,00	1.200,00	1.200,00	

2035	ENE	FEB	MAR	ABR	MAY	JUN	JUL	AGO	SEP	OCT	NOV	DIC
B. introducida	1.200,00	1.200,00	1.200,00	1.200,00	1.200,00	1.200,00	1.200,00	1.200,00	1.200,00	1.200,00	1.200,00	1.200,00
I. actualización	1	1	1	1	1	1	1	1	1	1	1	1
B. actualizada	1.200,00	1.200,00	1.200,00	1.200,00	1.200,00	1.200,00	1.200,00	1.200,00	1.200,00	1.200,00	1.200,00	1.200,00

2034	ENE	FEB	MAR	ABR	MAY	JUN	JUL	AGO	SEP	OCT	NOV	DIC
B. introducida	1.200,00	1.200,00	1.200,00	1.200,00	1.200,00	1.200,00	1.200,00	1.200,00	1.200,00	1.200,00	1.200,00	1.200,00
I. actualización	1,0166358	1,0149588	1,0132873	1,0116142	1,0099466	1,0082845	1,0066208	1,0049626	1,0033030	1,0016488	1	1
B. actualizada	1.219,96	1.217,95	1.215,94	1.213,93	1.211,93	1.209,94	1.207,94	1.205,95	1.203,96	1.201,97	1.200,00	1.200,00

2033	ENE	FEB	MAR	ABR	MAY	JUN	JUL	AGO	SEP	OCT	NOV	DIC
B. introducida	1.200,00	1.200,00	1.200,00	1.200,00	1.200,00	1.200,00	1.200,00	1.200,00	1.200,00	1.200,00	1.200,00	1.200,00
I. actualización	1,0369709	1,0352632	1,0335537	1,0318499	1,0301517	1,0284517	1,0267574	1,0250613	1,0233709	1,0216860	1,0199994	1,0183184
B. actualizada	1.244,36	1.242,31	1.240,26	1.238,21	1.236,18	1.234,14	1.232,10	1.230,07	1.228,04	1.226,02	1.223,99	1.221,98

2032	ENE	FEB	MAR	ABR	MAY	JUN	JUL	AGO	SEP	OCT	NOV	DIC
B. introducida	1.200,00	1.200,00	1.200,00	1.200,00	1.200,00	1.200,00	1.200,00	1.200,00	1.200,00	1.200,00	1.200,00	1.200,00
I. actualización	1,0577181	1,0559722	1,0542322	1,0524902	1,0507540	1,0490234	1,0472910	1,0455643	1,0438433	1,0421204	1,0404032	1,0386842
B. actualizada	1.269,26	1.267,16	1.265,07	1.262,98	1.260,90	1.258,82	1.256,74	1.254,67	1.252,61	1.250,54	1.248,48	1.246,42

2031	ENE	FEB	MAR	ABR	MAY	JUN	JUL	AGO	SEP	OCT	NOV	DIC
B. introducida	1.200,00	1.200,00	1.200,00	1.200,00	1.200,00	1.200,00	1.200,00	1.200,00	1.200,00	1.200,00	1.200,00	1.200,00
I. actualización	1,0788694	1,0770933	1,0753150	1,0735425	1,0717759	1,0700072	1,0682443	1,0664793	1,0647202	1,0629668	1,0612115	1,0594619
B. actualizada	1.294,64	1.292,51	1.290,37	1.288,25	1.286,13	1.284,00	1.281,89	1.279,77	1.277,66	1.275,56	1.273,45	1.271,35

2030	ENE	FEB	MAR	ABR	MAY	JUN	JUL	AGO	SEP	OCT	NOV	DIC
B. introducida	1.200,00	1.200,00	1.200,00	1.200,00	1.200,00	1.200,00	1.200,00	1.200,00	1.200,00	1.200,00	1.200,00	1.200,00
I. actualización	1,1004483	1,0986338	1,0968253	1,0950145	1,0932096	1,0914107	1,0896095	1,0878142	1,0860167	1,0842251	1,0824393	1,0806514
B. actualizada	1.320,53	1.318,36	1.316,19	1.314,01	1.311,85	1.309,69	1.307,53	1.305,37	1.303,22	1.301,07	1.298,92	1.296,78

2029	ENE	FEB	MAR	ABR	MAY	JUN	JUL	AGO	SEP	OCT	NOV	DIC
B. introducida	1.200,00	1.200,00	1.200,00	1.200,00	1.200,00	1.200,00	1.200,00	1.200,00	1.200,00	1.200,00	1.200,00	1.200,00
I. actualización	1,1224634	1,1206104	1,1187635	1,1169227	1,1150794	1,1132421	1,1114023	1,1095686	1,1077410	1,1059109	1,1040868	1,1022687
B. actualizada	1.346,95	1.344,73	1.342,51	1.340,30	1.338,09	1.335,89	1.333,68	1.331,48	1.329,28	1.327,09	1.324,90	1.322,72

2028	ENE	FEB	MAR	ABR	MAY	JUN	JUL	AGO	SEP	OCT	NOV	DIC
B. introducida	1.200,00	1.200,00	1.200,00	1.200,00	1.200,00	1.200,00	1.200,00	1.200,00	1.200,00	1.200,00	1.200,00	1.200,00
I. actualización	1,1449148	1,1430232	1,1411378	1,1392586	1,1373766	1,1355008	1,1336313	1,1317590	1,1298929	1,1280329	1,1261703	1,1243138
B. actualizada	1.373,89	1.371,62	1.369,36	1.367,11	1.364,85	1.362,60	1.360,35	1.358,11	1.355,87	1.353,63	1.351,40	1.349,17

2027	ENE	FEB	MAR	ABR	MAY	JUN	JUL	AGO	SEP	OCT	NOV	DIC
B. introducida	1.200,00	1.200,00	1.200,00	1.200,00	1.200,00	1.200,00	1.200,00	1.200,00	1.200,00	1.200,00	1.200,00	1.200,00
I. actualización	1,1678109	1,1658899	1,1639658	1,1620481	1,1601367	1,1582223	1,1563142	1,1544032	1,1524985	1,1506000	1,1486987	1,1468036
B. actualizada	1.401,37	1.399,06	1.396,75	1.394,45	1.392,16	1.389,86	1.387,57	1.385,28	1.382,99	1.380,72	1.378,43	1.376,16

2026	ENE	FEB	MAR	ABR	MAY	JUN	JUL	AGO	SEP	OCT	NOV	DIC
B. introducida	1.200,00	1.200,00	1.200,00	1.200,00	1.200,00	1.200,00	1.200,00	1.200,00	1.200,00	1.200,00	1.200,00	1.200,00
I. actualización	1,1911505	1,1891912	1,1872285	1,1852723	1,1833226	1,1813695	1,1794230	1,1774828	1,1755394	1,1736025	1,1716719	1,1697382
B. actualizada	1.429,38	1.427,02	1.424,67	1.422,32	1.419,98	1.417,64	1.415,30	1.412,97	1.410,64	1.408,32	1.406,00	1.403,68
2025	ENE	FEB	MAR	ABR	MAY	JUN	JUL	AGO	SEP	OCT	NOV	DIC
B. introducida	1.200,00	1.200,00	1.200,00	1.200,00	1.200,00	1.200,00	1.200,00	1.200,00	1.200,00	1.200,00	1.200,00	1.200,00
I. actualización	1,2149826	1,2129746	1,2109733	1,2089786	1,2069803	1,2049887	1,2030036	1,2010150	1,1990331	1,1970576	1,1950887	1,1931164
B. actualizada	1.457,97	1.455,56	1.453,16	1.450,77	1.448,37	1.445,98	1.443,60	1.441,21	1.438,83	1.436,46	1.434,10	1.431,73
2024	ENE	FEB	MAR	ABR	MAY	JUN	JUL	AGO	SEP	OCT	NOV	DIC
B. introducida	1.200,00	1.200,00	1.200,00	1.200,00	1.200,00	1.200,00	1.200,00	1.200,00	1.200,00	1.200,00	1.200,00	1.200,00
I. actualización	1,2392883	1,2372416	1,2352017	1,2331684	1,2311314	1,2291011	1,2270775	1,2250502	1,2230296	1,2210156	1,2199979	1,2169869
B. actualizada	1.487,14	1.484,68	1.482,24	1.479,80	1.477,35	1.474,92	1.472,49	1.470,06	1.467,63	1.465,21	1.462,79	1.460,38
2023	ENE	FEB	MAR	ABR	MAY	JUN	JUL	AGO	SEP	OCT	NOV	DIC
B. introducida	1.200,00	1.200,00	1.200,00	1.200,00	1.200,00	1.200,00	1.200,00	1.200,00	1.200,00	1.200,00	1.200,00	1.200,00
I. actualización	1,2640667	1,2619814	1,2599031	1,2578207	1,2557451	1,2536763	1,2516144	1,2495485	1,2474893	1,2454369	1,2433806	1,2413311
B. actualizada	1.516,88	1.514,37	1.511,88	1.509,38	1.506,89	1.504,41	1.501,93	1.499,45	1.496,98	1.494,52	1.492,05	1.489,59
2022	ENE	FEB	MAR	ABR	MAY	JUN	JUL	AGO	SEP	OCT	NOV	DIC
B. introducida	1.200,00	1.200,00	1.200,00	1.200,00	1.200,00	1.200,00	1.200,00	1.200,00	1.200,00	1.200,00	1.200,00	1.200,00
I. actualización	1,2893500	1,2872265	1,2850985	1,2829775	1,2808685	1,2787565	1,2766452	1,2745407	1,2724433	1,2703415	1,2682467	1,2661588
B. actualizada	1.547,22	1.544,67	1.542,11	1.539,57	1.537,03	1.534,50	1.531,97	1.529,44	1.526,93	1.524,40	1.521,89	1.519,39
2021	ENE	FEB	MAR	ABR	MAY	JUN	JUL	AGO	SEP	OCT	NOV	DIC
B. introducida	1.200,00	1.200,00	1.200,00	1.200,00	1.200,00	1.200,00	1.200,00	1.200,00	1.200,00	1.200,00	1.200,00	1.200,00
I. actualización	1,3151389	1,3129654	1,3107990	1,3086399	1,3064878	1,3043310	1,3021813	1,3000387	1,2978914	1,2957513	1,2936182	1,2914806
B. actualizada	1.578,16	1.575,55	1.572,95	1.570,36	1.567,78	1.565,19	1.562,61	1.560,04	1.557,46	1.554,90	1.552,34	1.549,77
2020	ENE	FEB	MAR	ABR	MAY	JUN	JUL	AGO	SEP	OCT	NOV	DIC
B. introducida	1.200,00	1.200,00	1.200,00	1.200,00	1.200,00	1.200,00	1.200,00	1.200,00	1.200,00	1.200,00	1.200,00	1.200,00
I. actualización	1,3414326	1,3392210	1,3370167	1,3348073	1,3326052	1,3304104	1,3282227	1,3260301	1,3238445	1,3216666	1,3194835	1,3173076
B. actualizada	1.609,71	1.607,06	1.604,42	1.601,76	1.599,12	1.596,49	1.593,86	1.591,23	1.588,61	1.585,99	1.583,38	1.580,76
2019	ENE	FEB	MAR	ABR	MAY	JUN	JUL	AGO	SEP	OCT	NOV	DIC
B. introducida	1.200,00	1.200,00	1.200,00	1.200,00	1.200,00	1.200,00	1.200,00	1.200,00	1.200,00	1.200,00	1.200,00	1.200,00
I. actualización	1,3682681	1,3660060	1,3637513	1,3615040	1,3592641	1,3570188	1,3547810	1,3525505	1,3503147	1,3480863	1,3458653	1,3436516
B. actualizada	1.641,92	1.639,20	1.636,50	1.633,80	1.631,11	1.628,42	1.625,73	1.623,06	1.620,37	1.617,70	1.615,03	1.612,38
2018	ENE	FEB	MAR	ABR	MAY	JUN	JUL	AGO	SEP	OCT	NOV	DIC
B. introducida	1.200,00	1.200,00	1.200,00	1.200,00	1.200,00	1.200,00	1.200,00	1.200,00	1.200,00	1.200,00	1.200,00	1.200,00
I. actualización	1,3956332	1,3933335	1,3910412	1,3887432	1,3864528	1,3841699	1,3818813	1,3796002	1,3773267	1,3750606	1,3727890	1,3705248
B. actualizada	1.674,75	1.672,00	1.669,24	1.666,49	1.663,74	1.661,00	1.658,25	1.655,52	1.652,79	1.650,07	1.647,34	1.644,62
2017	ENE	FEB	MAR	ABR	MAY	JUN	JUL	AGO	SEP	OCT	NOV	DIC
B. introducida	1.200,00	1.200,00	1.200,00	1.200,00	1.200,00	1.200,00	1.200,00	1.200,00	1.200,00	1.200,00	1.200,00	1.200,00
I. actualización	1,4246906	1,4298471	1,4301441	1,4165254	1,4141840	1,4118509	1,4095243	1,4072059	1,4048815	1,4025848	1,4002557	1,3979406
B. actualizada	1.709,62	1.715,81	1.716,17	1.699,83	1.697,02	1.694,22	1.691,42	1.688,64	1.685,85	1.683,07	1.680,30	1.677,52
2016	ENE	FEB	MAR	ABR	MAY	JUN	JUL	AGO	SEP	OCT	NOV	DIC
B. introducida	1.200,00	1.200,00	1.200,00	1.200,00	1.200,00	1.200,00	1.200,00	1.200,00	1.200,00	1.200,00	1.200,00	1.200,00
I. actualización	1,4670746	1,4722731	1,4628888	1,4527032	1,4448208	1,4381670	1,4487005	1,4468449	1,4467725	1,4304271	1,4252654	1,4168586
B. actualizada	1.760,48	1.766,72	1.755,46	1.743,24	1.733,78	1.725,80	1.738,44	1.736,21	1.736,12	1.716,51	1.710,31	1.700,23

145

2015	ENE	FEB	MAR	ABR	MAY	JUN	JUL	AGO	SEP	OCT	NOV	DIC
B. introducida												
I. actualización	1.4628444	1.4598609	1.4505899	1.4373807	1.4305403	1.4267290	1.4401008	1.4449075	1.4493540	1.4401438	1.4348844	1.4390975
B. actualizada	0.00	0.00	0.00	0.00	0.00	0.00	0.00	0.00	0.00	0.00	0.00	0.00
2014	ENE	FEB	MAR	ABR	MAY	JUN	JUL	AGO	SEP	OCT	NOV	DIC
B. introducida												
I. actualización	1.4435514	1.4441859	1.4409619	1.4282511	1.4279267	1.4275319	1.4410768	1.4388110	1.4386238	1.4299802	1.4309509	1.4393410
B. actualizada	0.00	0.00	0.00	0.00	0.00	0.00	0.00	0.00	0.00	0.00	0.00	0.00
2013	ENE	FEB	MAR	ABR	MAY	JUN	JUL	AGO	SEP	OCT	NOV	DIC
B. introducida												
I. actualización	1.4464252	1.4439263	1.4388683	1.4335045	1.4308659	1.4287592	1.4361671	1.4317160	1.4344005	1.4286039	1.4256318	1.4243538
B. actualizada	0.00	0.00	0.00	0.00	0.00	0.00	0.00	0.00	0.00	0.00	0.00	0.00
2012	ENE	FEB	MAR	ABR	MAY	JUN	JUL	AGO	SEP	OCT	NOV	DIC
B. introducida												
I. actualización	1.4852338	1.4836945	1.4737738	1.4533603	1.4555256	1.4582413	1.4616613	1.4534625	1.4392980	1.4271797	1.4289427	1.4279408
B. actualizada	0.00	0.00	0.00	0.00	0.00	0.00	0.00	0.00	0.00	0.00	0.00	0.00
2011	ENE	FEB	MAR	ABR	MAY	JUN	JUL	AGO	SEP	OCT	NOV	DIC
B. introducida												
I. actualización												1.4688929
B. actualizada												0.00

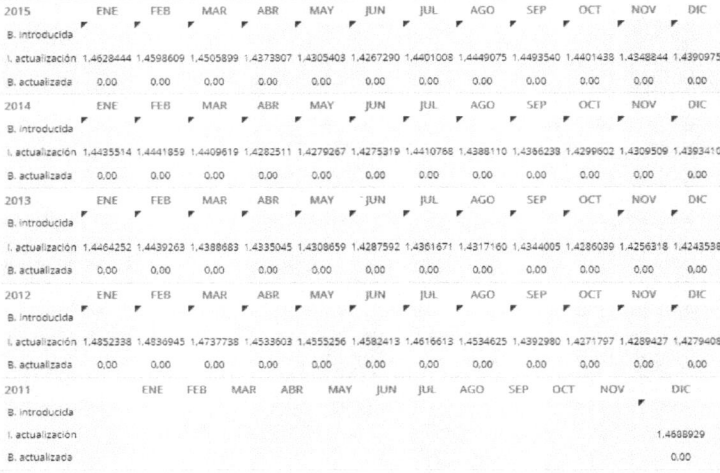

Evidentemente, este cálculo no es preciso, pues se está haciendo una estimación de la desviación del IPC hasta que la trabajadora cumpla la edad legal de jubilación, si bien, sí que es fiable para compararlo con la siguiente estimación, ya que se realizará en igualdad de condiciones.

Segunda Estimación:

Nuevamente consideraremos la fórmula anteriormente citada, así estimaremos los últimos 25 años cotizados, pero esta vez, estableciendo las bases mínimas de cotización estimadas en lo sucesivo, que, considerando los plazos previstos en la legislación para realizar este cambio (al respecto de esto escribiré más adelante), no consideraremos la nueva base hasta el 1 de enero de 2018 (suponiendo que se hace la presentación entre el 1 de mayo de 2017 y el 31 de octubre del mismo año). De igual modo, consignaremos como 0 el valor de las bases no cotizadas. Veamos el desglose de las bases y el resultado:

Base Reguladora (25 años) = 301.336,48 / 350 = 860,96 €

2036	ENE	FEB	MAR	ABR	MAY	JUN	JUL	AGO	SEP	OCT	NOV	DIC
B. introducida	1.078.96	1.078.96	1.078.96	1.078.96	1.078.96	1.078.96	1.078.96	1.078.96	1.078.96	1.078.96	1.078.96	
I. actualización	1	1	1	1	1	1	1	1	1	1	1	
B. actualizada	1.078.96	1.078.96	1.078.96	1.078.96	1.078.96	1.078.96	1.078.96	1.078.96	1.078.96	1.078.96	1.078.96	
2035	ENE	FEB	MAR	ABR	MAY	JUN	JUL	AGO	SEP	OCT	NOV	DIC
B. introducida	1.068.28	1.068.28	1.068.28	1.068.28	1.068.28	1.068.28	1.068.28	1.068.28	1.068.28	1.068.28	1.068.28	1.068.28
I. actualización	1	1	1	1	1	1	1	1	1	1	1	1
B. actualizada	1.068.28	1.068.28	1.068.28	1.068.28	1.068.28	1.068.28	1.068.28	1.068.28	1.068.28	1.068.28	1.068.28	1.068.28
2034	ENE	FEB	MAR	ABR	MAY	JUN	JUL	AGO	SEP	OCT	NOV	DIC
B. introducida	1.057.70	1.057.70	1.057.70	1.057.70	1.057.70	1.057.70	1.057.70	1.057.70	1.057.70	1.057.70	1.057.70	1.057.70
I. actualización	1.0166356	1.0149588	1.0132873	1.0116142	1.0099466	1.0082945	1.0066208	1.0049626	1.0033030	1.0016488	1	1
B. actualizada	1.075.29	1.073.52	1.071.75	1.069.98	1.068.22	1.066.46	1.064.70	1.062.94	1.061.19	1.059.44	1.057.70	1.057.70
2033	ENE	FEB	MAR	ABR	MAY	JUN	JUL	AGO	SEP	OCT	NOV	DIC
B. introducida	1.047.23	1.047.23	1.047.23	1.047.23	1.047.23	1.047.23	1.047.23	1.047.23	1.047.23	1.047.23	1.047.23	1.047.23
I. actualización	1.0369709	1.0352632	1.0335537	1.0318499	1.0301517	1.0284517	1.0267574	1.0250613	1.0233709	1.0216860	1.0199994	1.0183184
B. actualizada	1.085.94	1.084.15	1.082.36	1.080.58	1.078.80	1.077.02	1.075.25	1.073.47	1.071.70	1.069.94	1.068.17	1.066.41
2032	ENE	FEB	MAR	ABR	MAY	JUN	JUL	AGO	SEP	OCT	NOV	DIC
B. introducida	1.036.86	1.036.86	1.036.86	1.036.86	1.036.86	1.036.86	1.036.86	1.036.86	1.036.86	1.036.86	1.036.86	1.036.86
I. actualización	1.0577181	1.0559722	1.0542322	1.0524902	1.0507540	1.0490234	1.0472910	1.0455643	1.0438433	1.0421204	1.0404032	1.0386842
B. actualizada	1.096.70	1.094.89	1.093.09	1.091.28	1.089.48	1.087.69	1.085.89	1.084.10	1.082.31	1.080.53	1.078.75	1.076.97
2031	ENE	FEB	MAR	ABR	MAY	JUN	JUL	AGO	SEP	OCT	NOV	DIC
B. introducida	1.026.60	1.026.60	1.026.60	1.026.60	1.026.60	1.026.60	1.026.60	1.026.60	1.026.60	1.026.60	1.026.60	1.026.60
I. actualización	1.0798694	1.0770933	1.0753150	1.0735425	1.0717759	1.0700072	1.0682443	1.0664793	1.0647202	1.0629668	1.0612115	1.0594619
B. actualizada	1.107.56	1.105.74	1.103.91	1.102.09	1.100.28	1.098.46	1.096.65	1.094.84	1.093.04	1.091.24	1.089.43	1.087.64

2030

	ENE	FEB	MAR	ABR	MAY	JUN	JUL	AGO	SEP	OCT	NOV	DIC
B. introducida	1.016,43	1.016,43	1.016,43	1.016,43	1.016,43	1.016,43	1.016,43	1.016,43	1.016,43	1.016,43	1.016,43	1.016,43
I. actualización	1,1004483	1,0986338	1,0968253	1,0950145	1,0932096	1,0914107	1,0896095	1,0878142	1,0860167	1,0842251	1,0824393	1,0806514
B. actualizada	1.118,52	1.116,68	1.114,84	1.113,00	1.111,17	1.109,34	1.107,51	1.105,68	1.103,85	1.102,03	1.100,22	1.098,40

2029

	ENE	FEB	MAR	ABR	MAY	JUN	JUL	AGO	SEP	OCT	NOV	DIC
B. introducida	1.006,37	1.006,37	1.006,37	1.006,37	1.006,37	1.006,37	1.006,37	1.006,37	1.006,37	1.006,37	1.006,37	1.006,37
I. actualización	1,1224634	1,1206104	1,1187635	1,1169227	1,1150794	1,1132421	1,1114023	1,1095686	1,1077410	1,1059109	1,1040868	1,1022687
B. actualizada	1.129,61	1.127,74	1.125,89	1.124,03	1.122,18	1.120,33	1.118,48	1.116,63	1.114,79	1.112,95	1.111,11	1.109,29

2028

	ENE	FEB	MAR	ABR	MAY	JUN	JUL	AGO	SEP	OCT	NOV	DIC
B. introducida	996,40	996,40	996,40	996,40	996,40	996,40	996,40	996,40	996,40	996,40	996,40	996,40
I. actualización	1,1449148	1,1430232	1,1411378	1,1392586	1,1373766	1,1355008	1,1336313	1,1317590	1,1298929	1,1280329	1,1261703	1,1243138
B. actualizada	1.140,79	1.138,90	1.137,02	1.135,15	1.133,28	1.131,41	1.129,55	1.127,68	1.125,82	1.123,97	1.122,11	1.120,26

2027

	ENE	FEB	MAR	ABR	MAY	JUN	JUL	AGO	SEP	OCT	NOV	DIC
B. introducida	986,54	986,54	986,54	986,54	986,54	986,54	986,54	986,54	986,54	986,54	986,54	986,54
I. actualización	1,1678109	1,1658899	1,1639658	1,1620481	1,1601367	1,1582223	1,1563142	1,1544032	1,1524985	1,1506000	1,1486987	1,1468036
B. actualizada	1.152,09	1.150,19	1.148,29	1.146,40	1.144,52	1.142,63	1.140,75	1.138,86	1.136,98	1.135,11	1.133,23	1.131,36

2026

	ENE	FEB	MAR	ABR	MAY	JUN	JUL	AGO	SEP	OCT	NOV	DIC
B. introducida	976,77	976,77	976,77	976,77	976,77	976,77	976,77	976,77	976,77	976,77	976,77	976,77
I. actualización	1,1911505	1,1891912	1,1872285	1,1852723	1,1833226	1,1813695	1,1794230	1,1774828	1,1755394	1,1736025	1,1716719	1,1697382
B. actualizada	1.163,48	1.161,56	1.159,64	1.157,73	1.155,83	1.153,92	1.152,02	1.150,12	1.148,23	1.146,33	1.144,45	1.142,56

2025

	ENE	FEB	MAR	ABR	MAY	JUN	JUL	AGO	SEP	OCT	NOV	DIC
B. introducida	967,10	967,10	967,10	967,10	967,10	967,10	967,10	967,10	967,10	967,10	967,10	967,10
I. actualización	1,2149826	1,2129746	1,2109733	1,2089786	1,2069803	1,2049887	1,2030036	1,2010150	1,1990331	1,1970576	1,1950887	1,1931164
B. actualizada	1.175,00	1.173,06	1.171,13	1.169,20	1.167,27	1.165,34	1.163,42	1.161,50	1.159,58	1.157,67	1.155,77	1.153,88

2024

	ENE	FEB	MAR	ABR	MAY	JUN	JUL	AGO	SEP	OCT	NOV	DIC
B. introducida	957,52	957,52	957,52	957,52	957,52	957,52	957,52	957,52	957,52	957,52	957,52	957,52
I. actualización	1,2392883	1,2372416	1,2352017	1,2331684	1,2311314	1,2291011	1,2270775	1,2250502	1,2230296	1,2210156	1,2189979	1,2169869
B. actualizada	1.186,64	1.184,68	1.182,73	1.180,78	1.178,83	1.176,88	1.174,95	1.173,01	1.171,07	1.169,14	1.167,21	1.165,28

2023

	ENE	FEB	MAR	ABR	MAY	JUN	JUL	AGO	SEP	OCT	NOV	DIC
B. introducida	948,04	948,04	948,04	948,04	948,04	948,04	948,04	948,04	948,04	948,04	948,04	948,04
I. actualización	1,2640667	1,2619814	1,2599031	1,2578207	1,2557451	1,2536763	1,2516144	1,2495485	1,2474893	1,2454969	1,2433806	1,2413311
B. actualizada	1.198,38	1.196,40	1.194,43	1.192,46	1.190,49	1.188,53	1.186,58	1.184,62	1.182,66	1.180,72	1.178,77	1.176,83

2022

	ENE	FEB	MAR	ABR	MAY	JUN	JUL	AGO	SEP	OCT	NOV	DIC
B. introducida	938,66	938,66	938,66	938,66	938,66	938,66	938,66	938,66	938,66	938,66	938,66	938,66
I. actualización	1,2893500	1,2872265	1,2850985	1,2829775	1,2808635	1,2787565	1,2766452	1,2745407	1,2724433	1,2703415	1,2682467	1,2661588
B. actualizada	1.210,26	1.208,26	1.206,27	1.204,27	1.202,29	1.200,31	1.198,33	1.196,36	1.194,39	1.192,41	1.190,45	1.188,49

2021

	ENE	FEB	MAR	ABR	MAY	JUN	JUL	AGO	SEP	OCT	NOV	DIC
B. introducida	929,36	929,36	929,36	929,36	929,36	929,36	929,36	929,36	929,36	929,36	929,36	929,36
I. actualización	1,3151389	1,3129654	1,3107990	1,3086399	1,3064878	1,3043310	1,3021813	1,3000387	1,2978914	1,2957513	1,2936182	1,2914806
B. actualizada	1.222,23	1.220,21	1.218,20	1.216,19	1.214,19	1.212,19	1.210,19	1.208,20	1.206,20	1.204,21	1.202,23	1.200,25

2020

	ENE	FEB	MAR	ABR	MAY	JUN	JUL	AGO	SEP	OCT	NOV	DIC
B. introducida	920,16	920,16	920,16	920,16	920,16	920,16	920,16	920,16	920,16	920,16	920,16	920,16
I. actualización	1,3414326	1,3392210	1,3370167	1,3348073	1,3326052	1,3304104	1,3282227	1,3260301	1,3238448	1,3216666	1,3194835	1,3173076
B. actualizada	1.234,33	1.232,29	1.230,26	1.228,23	1.226,21	1.224,19	1.222,17	1.220,15	1.218,14	1.216,14	1.214,13	1.212,13

2019

	ENE	FEB	MAR	ABR	MAY	JUN	JUL	AGO	SEP	OCT	NOV	DIC
B. introducida	911,05	911,05	911,05	911,05	911,05	911,05	911,05	911,05	911,05	911,05	911,05	911,05
I. actualización	1,3682681	1,3660060	1,3637513	1,3615040	1,3592641	1,3570188	1,3547810	1,3525505	1,3503147	1,3480863	1,3458653	1,3436516
B. actualizada	1.246,56	1.244,49	1.242,44	1.240,39	1.238,35	1.236,31	1.234,27	1.232,24	1.230,20	1.228,17	1.226,15	1.224,13

148

2018	ENE	FEB	MAR	ABR	MAY	JUN	JUL	AGO	SEP	OCT	NOV	DIC
B. introducida	902.03	902.03	902.03	902.03	902.03	902.03	902.03	902.03	902.03	902.03	902.03	902.03
I. actualización	1.3956332	1.3933335	1.3910412	1.3887432	1.3864528	1.3641699	1.3818813	1.3796002	1.3773267	1.3750606	1.3727890	1.3705248
B. actualizada	1.253.90	1.256.82	1.254.76	1.252.68	1.250.62	1.248.56	1.246.49	1.244.44	1.242.39	1.240.34	1.238.29	1.236.25
2017	ENE	FEB	MAR	ABR	MAY	JUN	JUL	AGO	SEP	OCT	NOV	DIC
B. introducida	1.200,00	1.200,00	1.200,00	1.200,00	1.200,00	1.200,00	1.200,00	1.200,00	1.200,00	1.200,00	1.200,00	1.200,00
I. actualización	1.4246906	1.4298471	1.4301441	1.4165254	1.4141840	1.4118503	1.4095243	1.4072059	1.4048815	1.4025648	1.4002557	1.3979406
B. actualizada	1.709.62	1.715.81	1.716.17	1.699.83	1.697.02	1.694.22	1.691.42	1.688.64	1.685.85	1.683.07	1.680.30	1.677.52
2016	ENE	FEB	MAR	ABR	MAY	JUN	JUL	AGO	SEP	OCT	NOV	DIC
B. introducida	1.200,00	1.200,00	1.200,00	1.200,00	1.200,00	1.200,00	1.200,00	1.200,00	1.200,00	1.200,00	1.200,00	1.200,00
I. actualización	1.4670746	1.4722731	1.4628888	1.4527032	1.4448208	1.4381670	1.4487005	1.4468449	1.4467725	1.4304271	1.4252664	1.4168586
B. actualizada	1.760.48	1.766.72	1.755.46	1.743.24	1.733.78	1.725.80	1.733.44	1.736.21	1.736.12	1.716.51	1.710.31	1.700.23
2015	ENE	FEB	MAR	ABR	MAY	JUN	JUL	AGO	SEP	OCT	NOV	DIC
B. introducida												
I. actualización	1.4628444	1.4598609	1.4505899	1.4373807	1.4305403	1.4267290	1.4401008	1.4449075	1.4493540	1.4401438	1.4348844	1.4390975
B. actualizada	0,00	0,00	0,00	0,00	0,00	0,00	0,00	0,00	0,00	0,00	0,00	0,00
2014	ENE	FEB	MAR	ABR	MAY	JUN	JUL	AGO	SEP	OCT	NOV	DIC
B. introducida												
I. actualización	1.4435514	1.4441859	1.4409619	1.4282511	1.4279267	1.4275319	1.4410768	1.4388110	1.4366238	1.4299802	1.4309509	1.4393410
B. actualizada	0,00	0,00	0,00	0,00	0,00	0,00	0,00	0,00	0,00	0,00	0,00	0,00
2013	ENE	FEB	MAR	ABR	MAY	JUN	JUL	AGO	SEP	OCT	NOV	DIC
B. introducida												
I. actualización	1.4464252	1.4439263	1.4388683	1.4335045	1.4308659	1.4287592	1.4361671	1.4317160	1.4344005	1.4286039	1.4256318	1.4243538
B. actualizada	0,00	0,00	0,00	0,00	0,00	0,00	0,00	0,00	0,00	0,00	0,00	0,00
2012	ENE	FEB	MAR	ABR	MAY	JUN	JUL	AGO	SEP	OCT	NOV	DIC
B. introducida												
I. actualización	1.4852338	1.4836945	1.4737738	1.4533603	1.4555256	1.4582413	1.4616613	1.4534625	1.4392980	1.4271797	1.4289427	1.4279408
B. actualizada	0,00	0,00	0,00	0,00	0,00	0,00	0,00	0,00	0,00	0,00	0,00	0,00
2011		ENE	FEB	MAR	ABR	MAY	JUN	JUL	AGO	SEP	OCT	NOV	DIC
B. introducida													
I. actualización													1.4638929
B. actualizada													0,00

Una vez realizadas ambas estimaciones, parece lógico que la pensión estimada con bases superiores sea más interesante que si siempre cotizamos por la base mínima permitida. Ahora bien, vayamos a lo establecido en el punto cinco del artículo 4 de la Ley 27/2011, de 1 de agosto, sobre actualización, adecuación y modernización del sistema de Seguridad Social, el cual da nueva redacción al artículo 163 del Texto Refundido de la Ley General de la Seguridad

Social, aprobado por Real Decreto Legislativo 1/1994, de 20 de junio.

"Artículo 163. Cuantía de la pensión.

1. La cuantía de la pensión de jubilación, en su modalidad contributiva, se determinará aplicando a la base reguladora, calculada conforme a lo dispuesto en el artículo precedente, los porcentajes siguientes:

1.º Por los primeros 15 años cotizados: el 50 por 100.

2.º A partir del año decimosexto, por cada mes adicional de cotización, comprendidos entre los meses 1 y 248, se añadirá el 0,19 por 100, y por los que rebasen el mes 248, se añadirá el 0,18 por 100, sin que el porcentaje aplicable a la base reguladora supere el 100 por 100, salvo en el supuesto a que se refiere el apartado siguiente.

2. Cuando se acceda a la pensión de jubilación a una edad superior a la que resulte de la aplicación en cada caso de lo establecido en la letra a) del apartado 1 del artículo 161, siempre que al cumplir esta edad se hubiera reunido el período mínimo de cotización establecido en la letra b) del citado apartado, se reconocerá al interesado un porcentaje adicional por cada año completo cotizado entre la fecha en que cumplió dicha edad y la del hecho causante de la pensión, cuya cuantía estará en función de los años de cotización acreditados en la primera de las fechas indicadas, según la siguiente escala:

150

– Hasta 25 años cotizados, el 2 por 100.

– Entre 25 y 37 años cotizados, el 2,75 por 100.

– A partir de 37 años cotizados, el 4 por 100.

El porcentaje adicional obtenido según lo establecido en el párrafo anterior se sumará al que con carácter general corresponda al interesado de acuerdo con el apartado 1, aplicándose el porcentaje resultante a la respectiva base reguladora a efectos de determinar la cuantía de la pensión, que no podrá ser superior en ningún caso al límite establecido en el artículo 47.

En el supuesto de que la cuantía de la pensión reconocida alcance el indicado límite sin aplicar el porcentaje adicional o aplicándolo sólo parcialmente, el interesado tendrá derecho, además, a percibir anualmente una cantidad cuyo importe se obtendrá aplicando al importe de dicho límite vigente en cada momento el porcentaje adicional no utilizado para determinar la cuantía de la pensión, redondeado a la unidad más próxima por exceso. La citada cantidad se devengará por meses vencidos y se abonará en 14 pagas, sin que la suma de su importe y el de la pensión o pensiones que tuviera reconocidas el interesado, en cómputo anual, pueda superar la cuantía del tope máximo de la base de cotización vigente en cada momento, también en cómputo anual.

El beneficio establecido en este apartado no será de aplicación en los supuestos de jubilación par-

cial, ni de la jubilación flexible a que se refiere el párrafo segundo del apartado 1 del artículo 165.

3. Cuando para determinar la cuantía de una pensión de jubilación hubieran de aplicarse coeficientes reductores por edad en el momento del hecho causante, aquéllos se aplicarán sobre el importe de la pensión resultante de aplicar a la base reguladora el porcentaje que corresponda por meses de cotización. Una vez aplicados los referidos coeficientes reductores, el importe resultante de la pensión no podrá ser superior a la cuantía resultante de reducir el tope máximo de pensión en un 0,50 por 100 por cada trimestre o fracción de trimestre de anticipación.

4. El coeficiente del 0,50 por 100 a que se refiere el apartado anterior no será de aplicación en los siguientes supuestos:

a) Cuando se trate de jubilaciones causadas al amparo de lo establecido en la norma 2.ª del apartado 1 de la disposición transitoria tercera.

b) En los casos de jubilaciones anticipadas conforme a las previsiones del apartado 1 del artículo 161 bis, en relación con los grupos o actividades profesionales cuyos trabajos sean de naturaleza excepcionalmente penosa, tóxica, peligrosa o insalubre, o se refieran a personas con discapacidad.»

Luego entonces, el coeficiente global de parcialidad a aplicar a las estimaciones obtenidas será $(8.828 / 9.984) \times 100 = $ **88,42 %.**

Es decir:

- Primera estimación: 1.025,98 € x 88,42% = 907,17 €.

- Segunda estimación: 860,96 € x 88,42% = 761,26 €.

Ahora únicamente nos quedará aplicar la misma desviación del IPC que hemos estimado para ambos supuestos para el complemento a mínimos, con el fin de equiparar los importes analizados, para ello aplicaremos el Anexo I de la Orden ESS/106/2017, de 9 de febrero, por la que se desarrollan las normas legales de cotización a la Seguridad Social, desempleo, protección por cese de actividad, Fondo de Garantía Salarial y formación profesional para el ejercicio 2017, ya que aún no se había aprobado la Orden que regularía el complemento a mínimos para 2018 (lo cual queda expuesto en el aforismo 15):

Clase de pensión	Titulares		
	Con cónyuge a cargo — Euros/año	Sin cónyuge: unidad económica unipersonal Euros/año	Con cónyuge no a cargo — Euros/año
Jubilación			
Titular con sesenta y cinco años	11.016,60	8.927,80	8.471,40
Titular menor de sesenta y cinco años	10.326,40	8.351,00	7.893,20
Titular con sesenta y cinco años procedente de gran invalidez	16.525,60	13.392,40	12.707,80
Incapacidad Permanente			
Gran invalidez	16.525,60	13.392,40	12.707,80
Absoluta	11.016,60	8.927,80	8.471,40
Total: Titular con sesenta y cinco años	11.016,60	8.927,80	8.471,40
Total: Titular con edad entre sesenta y sesenta y cuatro años	10.326,40	8.351,00	7.893,20
Total: Derivada de enfermedad común menor de sesenta años	5.552,40	5.552,40	5.448,94
Parcial del régimen de accidentes de trabajo:			
Titular con sesenta y cinco años	11.016,60	8.927,80	8.471,40
Viudedad			
Titular con cargas familiares		10.326,40	
Titular con sesenta y cinco años o con discapacidad en grado igual o superior al 65 por 100		8.927,80	
Titular con edad entre sesenta y sesenta y cuatro años		8.351,00	
Titular con menos de sesenta años		6.760,60	

153

Luego entonces, aplicando la misma actualización:

- Titular con sesenta y cinco años: 11.016,60 + (11.016,60 x 42,46906%) = 15.695,25 €. O lo que es lo mismo, 14 pagas anuales de 1.121,09 €.

- Sin cónyuge (unidad económica unipersonal): 8.927,80 + (8.927,80 x 42,46906%) = 12.719,35 €. O lo que es lo mismo, 14 pagas anuales de 908,53 €.

- Con cónyuge no a cargo: 8.471,40 + (8.471,40 x 42,46906%) = 12.069,12 €. O lo que es lo mismo, 14 pagas anuales de 862,08 €.

Retomemos entonces la rentabilidad de la inversión que supone incrementar la base de cotización, para lo cual calcularemos la inversión real que ha de hacer María a lo largo de todos los años hasta llegar a la edad legal de jubilación.

Tal y como indicaba, el recibo de Seguridad Social de la afectada se correspondía con lo siguiente:

- 1.200 x 26.5% (contingencias comunes): 318 €.

- 1.200 x 2,8% (incapacidad temporal): 33,6 €.

- 1.200 x 1,65% (contingencias profesionales): 19,8 €.

- 1.200 x 2,2% (cese de actividad): 26,4 €.

TOTAL: 397,8 €/mensuales.

Veamos cuánto le correspondería pagar con la base mínima de cotización:

- 893,10 x 26.5% (contingencias comunes): 236,67 €.

- 893,10 x 2,8% (incapacidad temporal): 25,01 €.

- 893,10 x 1,65% (contingencias profesionales): 14,74 €.

- 893,10 x 2,2% (cese de actividad): 19,65 €.

TOTAL: 296,07 €/mensuales.

Es decir, María hubiese invertido mensualmente 397,8 - 296,07 = 101,73 €. Si multiplicamos este importe por el total de meses que hubiese tenido que abonar hasta alcanzar la edad legal de jubilación, obtendríamos la siguiente cifra: (101,73 x 12 meses x 18 años) + (11 meses x 101,73) = 23.092,71 €. Esto, además, sin considerar desviación alguna de IPC.

Retomemos, pues, la pregunta: ¿es rentable realizar semejante inversión para obtener una pensión de 907,17 € por 14 pagas anuales? Veamos:

- En el supuesto de que María contase con cónyuge a cargo, correspondería aplicar el complemento por mínimos anteriormente expuesto, que asciende a 14 pagas de 1.121,09 €. Por lo tanto, pese a haber realizado tan fuerte inversión, hubiese obtenido una pensión inferior a la que tiene ya tenía garantizada con el complemento por mínimos, de modo que hubiese perdido íntegramente los 23.092,71 € invertidos en el sistema, incluso sin considerar, insisto, desviación alguna de IPC.

- Si María no tiene cónyuge, puede solicitar el complemento por mínimos para que su pensión ascienda a 14 pagas de 908,53 €, por lo que, igualmente, también hubiese sido absurda la inversión.

- Pero… ¿Y si María tiene cónyuge no a cargo? A priori parece que en este supuesto sí que sería rentable haber invertido en el sistema de Seguridad Social. Ahora bien, veamos cuándo recuperaría todo el importe invertido.

Como sabemos, hubiese invertido un total de 23.092,71 €, para obtener una rentabilidad mensual de 907,17 - 862,08 = 45,09 €. Más aún, si prorrateamos las pagas a las que tendría derecho María, este importe ascendería a 52,61 € mensuales. La operación es tan sencilla como lo siguiente:

23.092,71 / 52,61 = 438,94 pagos. Es decir, recuperaría su inversión a los 36 años, 6 meses y 25 días. Si consideramos que María se jubila a los 67 años, habría de vivir 103 años, 6 meses y 25 días para amortizar toda la inversión.

Así pues, como el distinguido lector puede imaginar, AJP recomendó a Doña María bajar la base de cotización al mínimo legal permitido, ya que demostró de forma objetiva lo inviable que puede resultar en ocasiones invertir en el sistema de Seguridad Social. A nuestro asesor se le ocurrieron otras tantas

156

inversiones a priori mucho más rentables que la que proponía su, ahora, nueva clienta.

17

Veremos, a continuación, sirviéndome de un nuevo ejemplo, el despropósito que supone la legislación actual al equiparar una pensión entre un pensionista que únicamente ha cotizado 15 años, con otro que ha cotizado 47 años. Y así es, pues en no pocas ocasiones, ambos supuestos van a topar con el complemento a mínimos, percibiendo la misma pensión, más aún, dependiendo de la situación personal de cada uno, incluso puede que aquel que haya cotizado únicamente 15 años cobre más por su pensión que aquél que cotizó 47 años.

Ejemplo 2:

Marcos Jiménez, después de toda una vida regentando una humilde zapatería de su propiedad, cumplió la edad legal de jubilación el día 12 de marzo de 2017. Era muy joven cuando tramitó su alta en el Régimen Especial de Trabajadores Autónomos, pues apenas había cumplido 18 años cuando esto sucedió.

Reacio a subir su base de cotización ante la evidente insostenibilidad del sistema y desconfiado ante la extrema incertidumbre política, decidió cotizar siempre el mínimo permitido, por lo que sus bases de cotización siempre permanecieron en el mínimo.

No obstante, Marcos, con fecha 31 de marzo de 2017 (pese a tramitar su baja en el Impuesto de Actividades Económicas de la Agencia Tributaria con fecha 12 de enero, en Seguridad Social, se le reconocía el mes completo cotizado, ya que así es como computa) ya contaba con 47 años y un mes cotizados, lo que le otorgaba el derecho a solicitar su pensión de jubilación a los 65 años de edad.

Es de recibo recordar que la disposición final primera de la Ley 6/2017, de 24 de octubre, de Reformas Urgentes del Trabajo Autónomo, entró en vigor con fecha 1 de enero de 2018, por lo que hasta entonces se obligaba a cotizar por meses completos en el Régimen Especial de Trabajadores Autónomos, sin posibilidad de prorratear la cotización a los días efectivos de actividad.

Por otro lado, Alberto Sánchez, por motivos que no vienen al caso, comenzó su vida laboral muy tarde, tramitando su alta en el Régimen Especial de Trabajadores Autónomos, cuando cumplía los requisitos establecidos para incluirse en la rama del Régimen Especial Agrario (ya expuestos anteriormente), optando por ello. Aunque comenzó tarde su vida laboral, llegó a colmar un total de 15 años cotizados cuando cumplió la edad legal de jubilación, en su caso, a los 65 años y 5 meses, tal y como establecía la normativa para el año 2017.

Alberto, al igual que Marcos, también optó por la base mínima de cotización y por cotizar por los conceptos únicamente obligatorios, si bien, atendiendo a lo expuesto en artículo 3 de la Ley 18/2007, de 4 de julio, por la que se procede a la integración de los trabajadores por cuenta propia del Régimen Especial Agrario de la Seguridad Social en el Régimen Especial de la Seguridad Social de los Trabajadores por Cuenta Propia o Autónomos, se benefició de la reducción en él especificada:

"Artículo 3. Efectos de la incorporación al Sistema Especial para Trabajadores por Cuenta Propia Agrarios.

La incorporación al Sistema Especial para Trabajadores por Cuenta Propia Agrarios previsto en el artículo anterior determinará la aplicación de las siguientes reglas en materia de cotización a la Seguridad Social:

*a) Respecto de las contingencias de cobertura obligatoria, si el trabajador optara como base de cotización por la base mínima que corresponda en el Régimen Especial de los Trabajadores por Cuenta Propia o Autónomos, **el tipo de cotización aplicable será del 18,75 por 100.***"

En este sentido, el recibo de Seguridad Social de Alberto resultó ser, cuanto menos, interesante:

- 893,10 x 18,75% (contingencias comunes) = 167,46 €.
- 893,10 x 1% (I.M.S.) = 8,93 €.

- 893,10 x 0,1% (R.E./L.) = 0,89 €.

TOTAL: 177,28 €.

Mientras tanto, el recibo de Seguridad Social de Marcos, ascendía a lo siguiente:

- 893,10 x 26,5% (contingencias comunes) = 236,67 €.
- 893,10 x 1% (I.M.S.) = 8,93 €.
- 893,10 x 0,1% (R.E./L.) = 0,89 €.
- 893,10 x 3,3% (incapacidad temporal) = 29,47 €.

TOTAL: 275,97 €.

Importes éstos calculados conforme a la base de cotización mínima vigente en el primer semestre de 2017.

Como habrá comprobado el distinguido lector, Marcos, cotiza por un concepto más que Alberto: incapacidad temporal. Esto se debe a que en el Régimen Agrario es opcional, mientras que en el Régimen General es obligatorio cotizar por este concepto. Si bien es cierto que en caso de enfermedad común o accidente no laboral, Marcos hubiese tenido derecho a cobrar una pequeña prestación durante el periodo que durase su baja.

Si consideramos el tiempo cotizado y lo multiplicamos por el importe abonado a la Tesorería General de la Seguridad Social, obtendremos los siguientes totales:

- Marcos: (47 años x 12 meses x 275,97 €) + 275,97 = 155.923,05 €.

El mes extra que sumo se corresponde con el mes que ha de cotizar completo, ya que, como cumple los 65 años el día 12 de enero de 2017, la legislación actual le obligaba a cotizar el mes completo.

- Alberto: (15 años x 12 meses x 177,28 €) + (177,28 € x 5 meses) = 32.796,80 €.

Los cinco meses extra que sumo corresponden al exceso requerido de cotización al no alcanzar la cotización mínima para poder acceder a la pensión a los 65 años, tal y como exponía anteriormente en otro aforismo.

Así pues, Marcos habrá invertido 123.126,25 € al sistema más que Alberto. Por supuesto, este número no es exacto, pues únicamente hemos considerado el último importe que abonaron ambos, sin considerar que las bases mínimas de cotización fueron diferentes el resto de años. Si bien, si estimamos la desviación del IPC, el importe será muy similar a lo que expongo.

Veamos, ahora, el cálculo de la pensión que resultaría a cada uno de ellos. Empecemos con Marcos:

2017

	ENE	FEB	MAR	ABR	MAY	JUN	JUL	AGO	SEP	OCT	NOV	DIC
B. introducida	893.10	893.10	893.10									
I. actualización	1	1	1									
B. actualizada	893.10	893.10	893.10									

2016

	ENE	FEB	MAR	ABR	MAY	JUN	JUL	AGO	SEP	OCT	NOV	DIC
B. introducida	893.10	893.10	893.10	893.10	893.10	893.10	893.10	893.10	893.10	893.10	893.10	893.10
I. actualización	1	1	1	1	1	1	1	1	1	1	1	1
B. actualizada	893.10	893.10	893.10	893.10	893.10	893.10	893.10	893.10	893.10	893.10	893.10	893.10

2015

	ENE	FEB	MAR	ABR	MAY	JUN	JUL	AGO	SEP	OCT	NOV	DIC
B. introducida		884.40	884.40	884.40	884.40	884.40	884.40	884.40	884.40	884.40	884.40	884.40
I. actualización	1.0084479	1.0063912	1	1	1	1	1	1	1	1	1	1
B. actualizada	891.87	890.05	884.40	884.40	884.40	884.40	884.40	884.40	884.40	884.40	884.40	884.40

2014

	ENE	FEB	MAR	ABR	MAY	JUN	JUL	AGO	SEP	OCT	NOV	DIC
B. introducida	875.70	875.70	875.70	875.70	875.70	875.70	875.70	875.70	875.70	875.70	875.70	875.70
I. actualización	1	1	1	1	1	1	1	1	1	1	1	1
B. actualizada	875.70	875.70	875.70	875.70	875.70	875.70	875.70	875.70	875.70	875.70	875.70	875.70

2013

	ENE	FEB	MAR	ABR	MAY	JUN	JUL	AGO	SEP	OCT	NOV	DIC
B. introducida	858.60	858.60	858.60	858.60	858.60	858.60	858.60	858.60	858.60	858.60	858.60	858.60
I. actualización	1	1	1	1	1	1	1	1	1	1	1	1
B. actualizada	858.60	858.60	858.60	858.60	858.60	858.60	858.60	858.60	858.60	858.60	858.60	858.60

2012

	ENE	FEB	MAR	ABR	MAY	JUN	JUL	AGO	SEP	OCT	NOV	DIC
B. introducida	850.20	850.20	850.20	850.20	850.20	850.20	850.20	850.20	850.20	850.20	850.20	850.20
I. actualización	1.0238827	1.0228215	1.0159824	1.0019098	1.0034025	1.0052747	1.0076324	1.0019803	1	1	1	1
B. actualizada	870.50	869.60	863.78	851.82	853.09	854.68	856.68	851.83	850.20	850.20	850.20	850.20

2011

	ENE	FEB	MAR	ABR	MAY	JUN	JUL	AGO	SEP	OCT	NOV	DIC
B. introducida	850.20	850.20	850.20	850.20	850.20	850.20	850.20	850.20	850.20	850.20	850.20	850.20
I. actualización	1.0443401	1.0430178	1.0352721	1.0225487	1.0228950	1.0243351	1.0298597	1.0285844	1.0260750	1.0180474	1.0139361	1.0126176
B. actualizada	887.89	886.77	880.18	869.37	869.66	870.88	875.58	874.50	872.36	865.54	862.04	860.92

2010

	ENE	FEB	MAR	ABR	MAY	JUN	JUL	AGO	SEP	OCT	NOV	DIC
B. introducida	841.80	841.80	841.80	841.80	841.80	841.80	841.80	841.80	841.80	841.80	841.80	841.80
I. actualización	1.0784878	1.0804518	1.0724999	1.0611958	1.0588398	1.0569535	1.0617158	1.0590423	1.0583114	1.0487243	1.0430724	1.0366934
B. actualizada	907.87	909.52	902.83	893.31	891.33	889.74	893.75	891.50	890.88	882.81	878.05	872.68

2009

	ENE	FEB	MAR	ABR	MAY	JUN	JUL	AGO	SEP	OCT	NOV	DIC
B. introducida	833.40	833.40	833.40	833.40	833.40	833.40	833.40	833.40	833.40	833.40	833.40	833.40
I. actualización	1.0895814	1.0894624	1.0876791	1.0771592	1.0775318	1.0728116	1.0820469	1.0782778	1.0808384	1.0731812	1.0674006	1.0676750
B. actualizada	908.05	907.95	906.47	897.70	898.01	894.08	901.77	898.63	900.77	894.38	889.57	889.80

2008

	ENE	FEB	MAR	ABR	MAY	JUN	JUL	AGO	SEP	OCT	NOV	DIC
B. introducida	817.20	817.20	817.20	817.20	817.20	817.20	817.20	817.20	817.20	817.20	817.20	817.20
I. actualización	1.0983702	1.0966663	1.0870148	1.0754391	1.0682242	1.0621117	1.0672406	1.0695309	1.0697490	1.0660877	1.0706337	1.0761590
B. actualizada	897.58	896.19	888.30	878.84	872.95	867.95	872.14	874.02	874.19	871.20	874.92	879.43

2007

	ENE	FEB	MAR	ABR	MAY	JUN	JUL	AGO	SEP	OCT	NOV	DIC
B. introducida	801.30	801.30	801.30	801.30	801.30	801.30	801.30	801.30	801.30	801.30	801.30	801.30
I. actualización	1.1453457	1.1445566	1.1359477	1.1204712	1.1173938	1.1153433	1.1235276	1.1219847	1.1183090	1.1040028	1.0961477	1.0915741
B. actualizada	917.76	917.13	910.23	897.83	895.36	893.72	900.28	899.04	896.10	884.63	878.34	874.67

2006

	ENE	FEB	MAR	ABR	MAY	JUN	JUL	AGO	SEP	OCT	NOV	DIC
B. introducida	785.70	785.70	785.70	785.70	785.70	785.70	785.70	785.70	785.70	785.70	785.70	785.70
I. actualización	1.1727416	1.1721762	1.1639361	1.1477460	1.1436242	1.1418948	1.1487248	1.1463863	1.1492749	1.1435849	1.1407579	1.1378461
B. actualizada	921.42	920.97	914.50	901.78	898.54	897.18	902.55	900.71	902.19	898.51	896.29	893.84

2005	ENE	FEB	MAR	ABR	MAY	JUN	JUL	AGO	SEP	OCT	NOV	DIC
B. introducida	770,40	770,40	770,40	770,40	770,40	770,40	770,40	770,40	770,40	770,40	770,40	770,40
i. actualización	1,2218940	1,2187416	1,2091759	1,1920115	1,1897350	1,1869582	1,1942681	1,1890538	1,1817934	1,1722589	1,1704831	1,1679732
B. actualizada	941,34	938,91	931,54	918,32	916,57	914,43	920,06	916,04	910,45	903,10	901,74	899,80
2004	ENE	FEB	MAR	ABR	MAY	JUN	JUL	AGO	SEP	OCT	NOV	DIC
B. introducida	566,70	566,70	566,70	566,70	566,70	566,70	572,70	572,70	572,70	572,70	572,70	572,70
i. actualización	1,2595373	1,2589645	1,2502320	1,2333544	1,2261175	1,2241750	1,2335375	1,2281117	1,2259215	1,2134448	1,2104241	1,2116011
B. actualizada	713,77	713,45	708,50	698,94	694,84	693,73	706,44	703,33	702,08	694,93	693,20	693,88
2003	ENE	FEB	MAR	ABR	MAY	JUN	JUL	AGO	SEP	OCT	NOV	DIC
B. introducida	555,53	555,53	555,53	555,53	555,53	555,53	555,53	555,53	555,53	555,53	555,53	555,53
i. actualización	1,2885694	1,2858433	1,2769806	1,2666760	1,2678521	1,2670141	1,2750042	1,2691921	1,2654056	1,2569324	1,2528564	1,2507027
B. actualizada	715,83	714,32	709,40	703,67	704,32	703,86	708,30	705,07	702,97	698,26	695,99	694,80
2002	ENE	FEB	MAR	ABR	MAY	JUN	JUL	AGO	SEP	OCT	NOV	DIC
B. introducida	726,30	726,30	726,30	726,30	726,30	726,30	726,30	726,30	726,30	726,30	726,30	726,30
i. actualización	1,3364081	1,3352445	1,3242988	1,3065580	1,3018821	1,3018141	1,3109226	1,3071748	1,3023074	1,2895363	1,2875375	1,2832773
B. actualizada	970,63	969,78	961,83	948,95	945,55	945,50	952,12	949,40	945,86	936,59	935,13	932,04
2001	ENE	FEB	MAR	ABR	MAY	JUN	JUL	AGO	SEP	OCT	NOV	DIC
B. introducida	712,02	712,02	712,02	712,02	712,02	712,02	712,02	712,02	712,02	712,02	712,02	712,02
i. actualización	1,3771821	1,3769266	1,3659427	1,3539926	1,3489427	1,3459831	1,3556061	1,3547406	1,3479879	1,3409111	1,3380568	1,3345866
B. actualizada	980,58	980,39	972,58	964,06	960,47	958,35	965,21	964,60	959,79	954,75	952,72	950,25
2000	ENE	FEB	MAR	ABR	MAY	JUN	JUL	AGO	SEP	OCT	NOV	DIC
B. introducida	698,14	698,14	698,14	698,14	698,14	698,14	698,14	698,14	698,14	698,14	698,14	698,14
i. actualización	1,4264715	1,4244573	1,4188323	1,4129580	1,4106132	1,4063560	1,3978652	1,3920256	1,3884360	1,3849862	1,3814576	1,3766927
B. actualizada	995,87	994,47	990,54	986,44	984,80	981,83	975,90	971,82	969,32	966,85	964,45	961,12
1999	ENE	FEB	MAR	ABR	MAY	JUN	JUL	AGO	SEP	OCT	NOV	DIC
B. introducida	681,19	681,19	681,19	681,19	681,19	681,19	681,19	681,19	681,19	681,19	681,19	681,19
i. actualización	1,4875288	1,4666613	1,4602225	1,4548422	1,4548884	1,4545771	1,4483009	1,4421578	1,4393879	1,4399297	1,4376184	1,4311638
B. actualizada	999,66	999,07	994,88	991,02	991,05	990,84	986,56	982,38	980,49	980,86	979,29	974,89
1998	ENE	FEB	MAR	ABR	MAY	JUN	JUL	AGO	SEP	OCT	NOV	DIC
B. introducida	664,60	664,60	664,60	664,60	664,60	664,60	664,60	664,60	664,60	664,60	664,60	664,60
i. actualización	1,4901108	1,4936019	1,4929096	1,4892164	1,4872742	1,4863110	1,4808446	1,4768899	1,4757978	1,4756673	1,4769968	1,4729208
B. actualizada	990,32	992,64	992,18	989,73	988,44	987,80	984,16	981,54	980,81	980,72	981,61	978,90
1997	ENE	FEB	MAR	ABR	MAY	JUN	JUL	AGO	SEP	OCT	NOV	DIC
B. introducida				639,72	639,72	639,72	639,72	639,72	639,72	639,72	639,72	639,72
i. actualización				1,5190330	1,5168243	1,5168744	1,5140975	1,5074468	1,5000204	1,5005721	1,4975979	1,4936262
B. actualizada				971,75	970,34	970,37	968,59	964,34	959,59	959,94	958,04	955,50

Base Reguladora a aplicar (20 años) = 214.180,09/280 = 764,93 €.

Procedamos con el cálculo correspondiente a Alberto:

163

2017

	ENE	FEB	MAR	ABR	MAY	JUN	JUL	AGO	SEP	OCT	NOV	DIC
B. introducida	893,10	893,10	893,10	1.200,00								
I. actualización	1	1	1	1								
B. actualizada	893,10	893,10	893,10	1.200,00								

2016

	ENE	FEB	MAR	ABR	MAY	JUN	JUL	AGO	SEP	OCT	NOV	DIC
B. introducida	893,10	893,10	893,10	893,10	893,10	893,10	893,10	893,10	893,10	893,10	893,10	893,10
I. actualización	1	1	1	1	1	1	1	1	1	1	1	1
B. actualizada	893,10	893,10	893,10	893,10	893,10	893,10	893,10	893,10	893,10	893,10	893,10	893,10

2015

	ENE	FEB	MAR	ABR	MAY	JUN	JUL	AGO	SEP	OCT	NOV	DIC
B. introducida	884,40	884,40	884,40	884,40	884,40	884,40	884,40	884,40	884,40	884,40	884,40	884,40
I. actualización	1.0177153	1.0156397	1.0091898	1	1	1	1	1	1	1	1	1
B. actualizada	900.06	898.23	892.52	884.40	884.40	884.40	884.40	884.40	884.40	884.40	884.40	884.40

2014

	ENE	FEB	MAR	ABR	MAY	JUN	JUL	AGO	SEP	OCT	NOV	DIC
B. introducida	875,70	875,70	875,70	875,70	875,70	875,70	875,70	875,70	875,70	875,70	875,70	875,70
I. actualización	1.0042930	1.0047344	1.0024915	1	1	1	1.0025714	1.0009951	1	1	1	1.0013638
B. actualizada	879.45	879.84	877.88	875.70	875.70	875.70	877.95	876.57	875.70	875.70	875.70	876.89

2013

	ENE	FEB	MAR	ABR	MAY	JUN	JUL	AGO	SEP	OCT	NOV	DIC
B. introducida	858,60	858,60	858,60	858,60	858,60	858,60	858,60	858,60	858,60	858,60	858,60	858,60
I. actualización	1.0062923	1.0045538	1.0010349	1	1	1	1	1	1	1	1	1
B. actualizada	864.00	862.50	859.48	858.60	858.60	858.60	858.60	858.60	858.60	858.60	858.60	858.60

2012

	ENE	FEB	MAR	ABR	MAY	JUN	JUL	AGO	SEP	OCT	NOV	DIC
B. introducida	850,20	850,20	850,20	850,20	850,20	850,20	850,20	850,20	850,20	850,20	850,20	850,20
I. actualización	1.0832919	1.0322210	1.0253190	1.0111171	1.0126236	1.0145129	1.0168923	1.0111883	1.0013339	1	1	1
B. actualizada	878.50	877.59	871.72	859.65	860.93	862.53	864.56	859.71	851.33	850.20	850.20	850.20

2011

	ENE	FEB	MAR	ABR	MAY	JUN	JUL	AGO	SEP	OCT	NOV	DIC
B. introducida	850,20	850,20	850,20	850,20	850,20	850,20	850,20	850,20	850,20	850,20	850,20	850,20
I. actualización	1.0539374	1.0526029	1.0447860	1.0319457	1.0322951	1.0337485	1.0393239	1.0380369	1.0355044	1.0274030	1.0232539	1.0219233
B. actualizada	896.05	894.92	888.27	877.36	877.65	878.89	883.63	882.53	880.38	873.49	869.97	868.83

2010

	ENE	FEB	MAR	ABR	MAY	JUN	JUL	AGO	SEP	OCT	NOV	DIC
B. introducida	841,80	841,80	841,80	841,80	841,80	841,80	841,80	841,80	841,80	841,80	841,80	841,80
I. actualización	1.0883989	1.0903809	1.0823560	1.0709480	1.0685703	1.0666667	1.0714727	1.0687746	1.0680370	1.0583618	1.0526580	1.0462204
B. actualizada	916.21	917.88	911.12	901.52	899.52	897.92	901.96	899.69	899.07	890.92	886.12	880.70

2009

	ENE	FEB	MAR	ABR	MAY	JUN	JUL	AGO	SEP	OCT	NOV	DIC
B. introducida	833,40	833,40	833,40	833,40	833,40	833,40	833,40	833,40	833,40	833,40	833,40	833,40
I. actualización	1.0995945	1.0994743	1.0976746	1.0870580	1.0874341	1.0826705	1.0919907	1.0881869	1.0907711	1.0830435	1.0772097	1.0774867
B. actualizada	916.40	916.30	914.80	905.95	906.26	902.29	910.06	906.89	909.04	902.60	897.74	897.97

2008

	ENE	FEB	MAR	ABR	MAY	JUN	JUL	AGO	SEP	OCT	NOV	DIC
B. introducida	817,20	817,20	817,20	817,20	817,20	817,20	817,20	817,20	817,20	817,20	817,20	817,20
I. actualización	1.1084640	1.1067444	1.0970043	1.0853222	1.0780409	1.0718723	1.0770483	1.0793596	1.0795797	1.0758848	1.0804726	1.0860487
B. actualizada	905.83	904.43	896.47	886.92	880.97	875.93	880.16	882.05	882.23	879.21	882.96	887.51

2007

	ENE	FEB	MAR	ABR	MAY	JUN	JUL	AGO	SEP	OCT	NOV	DIC
B. introducida	801,30	801,30	801,30	801,30	801,30	801,30	801,30	801,30	801,30	801,30	801,30	801,30
I. actualización	1.1558712	1.1550748	1.1463866	1.1307681	1.1276624	1.1255931	1.1338526	1.1322955	1.1285860	1.1141484	1.1062211	1.1016054
B. actualizada	926.19	925.56	918.59	906.08	903.59	901.93	908.55	907.30	904.33	892.76	886.41	882.71

2006

	ENE	FEB	MAR	ABR	MAY	JUN	JUL	AGO	SEP	OCT	NOV	DIC
B. introducida	785,70	785,70	785,70	785,70	785,70	785,70	785,70	785,70	785,70	785,70	785,70	785,70
I. actualización	1.1835188	1.1829482	1.1746325	1.1582935	1.1541339	1.1523886	1.1592813	1.1569214	1.1588273	1.1540941	1.1512412	1.1481008
B. actualizada	929.89	929.44	922.90	910.07	906.80	905.43	910.84	908.99	910.49	906.77	904.53	902.06

2005	ENE	FEB	MAR	ABR	MAY	JUN	JUL	AGO	SEP	OCT	NOV	DIC
B. introducida	770.40	770.40	770.40	770.40	770.40	770.40	770.40	770.40	770.40	770.40	770.40	770.40
I. actualización	1.2331229	1.2299416	1.2202880	1.2029658	1.2006684	1.1978861	1.2052431	1.1999809	1.1926538	1.1830317	1.1812396	1.1787066
B. actualizada	949.99	947.54	940.10	926.76	924.99	922.83	928.51	924.46	918.82	911.40	910.02	908.07

2004	ENE	FEB	MAR	ABR	MAY	JUN	JUL	AGO	SEP	OCT	NOV	DIC
B. introducida	566.70	566.70	566.70	566.70	566.70	566.70	572.70	572.70	572.70	572.70	572.70	572.70
I. actualización	1.2711121	1.2705341	1.2617214	1.2446886	1.2373853	1.2354249	1.2448735	1.2393977	1.2371875	1.2245961	1.2215476	1.2227354
B. actualizada	720.33	720.01	715.01	705.36	701.22	700.11	712.93	709.80	708.53	701.32	699.58	700.26

2003	ENE	FEB	MAR	ABR	MAY	JUN	JUL	AGO	SEP	OCT	NOV	DIC
B. introducida	555.53	555.53	555.53	555.53	555.53	555.53	555.53	555.53	555.53	555.53	555.53	555.53
I. actualización	1.3004111	1.2976599	1.2887158	1.2783165	1.2795034	1.2786577	1.2867212	1.2808557	1.2770344	1.2684834	1.2643698	1.2621963
B. actualizada	722.41	720.88	715.92	710.14	710.80	710.33	714.81	711.55	709.43	704.68	702.39	701.18

2002	ENE	FEB	MAR	ABR	MAY	JUN	JUL	AGO	SEP	OCT	NOV	DIC
B. introducida	726.30	726.30	726.30	726.30	726.30	726.30	726.30	726.30	726.30	726.30	726.30	726.30
I. actualización	1.3486894	1.3475151	1.3364688	1.3185649	1.3138461	1.3137775	1.3229697	1.3191874	1.3142753	1.3013869	1.2993696	1.2950704
B. actualizada	979.55	978.70	970.67	957.67	954.24	954.19	960.87	958.12	954.55	945.19	943.73	940.60

2001	ENE	FEB	MAR	ABR	MAY	JUN	JUL	AGO	SEP	OCT	NOV	DIC
B. introducida												
I. actualización	1.3898421	1.3895899	1.3785069	1.3664414	1.3613446	1.3593380	1.3680680	1.3671944	1.3603850	1.3532405	1.3503660	1.3468586
B. actualizada	0.00	0.00	0.00	0.00	0.00	0.00	0.00	0.00	0.00	0.00	0.00	0.00

2000	ENE	FEB	MAR	ABR	MAY	JUN	JUL	AGO	SEP	OCT	NOV	DIC
B. introducida												
I. actualización	1.4343962	1.4323708	1.4267146	1.4208076	1.4184497	1.4141690	1.4056309	1.3997589	1.3961494	1.3925899	1.3691322	1.3843408
B. actualizada	0.00	0.00	0.00	0.00	0.00	0.00	0.00	0.00	0.00	0.00	0.00	0.00

1999	ENE	FEB	MAR	ABR	MAY	JUN	JUL	AGO	SEP	OCT	NOV	DIC
B. introducida												
I. actualización	1.4756816	1.4748093	1.4683347	1.4629245	1.4629709	1.4626580	1.4563468	1.4501697	1.4473843	1.4479292	1.4456050	1.4391145
B. actualizada	0.00	0.00	0.00	0.00	0.00	0.00	0.00	0.00	0.00	0.00	0.00	0.00

1998	ENE	FEB	MAR	ABR	MAY	JUN	JUL	AGO	SEP	OCT	NOV	DIC
B. introducida												
I. actualización	1.4983890	1.5018995	1.5012034	1.4974896	1.4955367	1.4945681	1.4890713	1.4850947	1.4839965	1.4838653	1.4852022	1.4811035
B. actualizada	0.00	0.00	0.00	0.00	0.00	0.00	0.00	0.00	0.00	0.00	0.00	0.00

1997	ENE	FEB	MAR	ABR	MAY	JUN	JUL	AGO	SEP	OCT	NOV	DIC
B. introducida												
I. actualización					1.5252509	1.5253013	1.5225089	1.5158213	1.5083537	1.5089084	1.5059177	1.5019239
B. actualizada					0.00	0.00	0.00	0.00	0.00	0.00	0.00	0.00

Base Reguladora a aplicar (20 años) = 155.937,69/280 = 556,92 €

No obstante, como Alberto únicamente ha cotizado 15 años, corresponde aplicar una reducción del 50 % a su pensión, resultando lo siguiente: 278,46 €.

Cabe matizar que, pese a contar con tan poco tiempo cotizado, Alberto podrá acceder a la pensión de jubilación calculada atendiendo a lo dispuesto en el primer punto de la Ley 27/2011, de 1 de agosto, sobre actualización, adecuación y modernización del sistema de Seguridad Social, donde se establece nueva redacción al al apartado 1 del artículo 161 del Texto Refundido de la Ley General de la Seguridad Social, aprobado por Real Decreto Legislativo 1/1994, de 20 de junio, donde se establece lo siguiente:

"Uno. Se da nueva redacción al apartado 1 del artículo 161, en los siguientes términos:

«1. Tendrán derecho a la pensión de jubilación, en su modalidad contributiva, las personas incluidas en este Régimen General que, además de la general exigida en el apartado 1 del artículo 124, reúnan las siguientes condiciones:

a) Haber cumplido 67 años de edad, o 65 años cuando se acrediten 38 años y 6 meses de cotización, sin que se tenga en cuenta la parte proporcional correspondiente a las pagas extraordinarias.

Para el cómputo de los años y meses de cotización se tomarán años y meses completos, sin que se equiparen a un año o un mes las fracciones de los mismos.

b) Tener cubierto un período mínimo de cotización de 15 años, de los cuales al menos 2 deberán estar comprendidos dentro de los 15 años inmediatamente anteriores al momento de causar el derecho.

A efectos del cómputo de los años cotizados no se tendrá en cuenta la parte proporcional correspondiente por pagas extraordinarias.

En los supuestos en que se acceda a la pensión de jubilación desde una situación de alta o asimilada al alta, sin obligación de cotizar, el período de 2 años a que se refiere el párrafo anterior deberá estar comprendido dentro de los 15 años anteriores a la fecha en que cesó la obligación de cotizar.

En los casos a que se refiere el párrafo anterior, y respecto de la determinación de la base reguladora de la pensión, se aplicará lo establecido en el apartado 1 del artículo 162."

Llegados a este punto, habremos de aplicar el complemento por mínimos que ambos tienen reconocido, según lo dispuesto anteriormente:

Como ya indicaba al inicio del aforismo, trato ilustrar de forma objetiva cómo es posible que una persona que haya cotizado 15 años cobre más importe por jubilación, que otra que ha cotizado más de 47 años. Para que esto suceda, únicamente será preciso que Alberto cuente con cónyuge a cargo y que no supere en cómputo anual unos ingresos, excluida la pensión, por importe de 8.301,10 €, siempre y cuando Marcos se encuentre en cualquier otra situación personal distinta a la de Alberto, es decir, que no tenga cónyuge o que su cónyuge perciba algún tipo de ingreso. De esta manera, Alberto cobrará 14 pagas de

786,90 €, mientras que Marcos percibirá 14 pagas de 764,93 €.

Como conclusión, ilustraré el ejemplo con el siguiente cuadro, donde comprobará que con la legislación actual, es cuanto menos discutible la sostenibilidad del sistema de Seguridad Social español:

	Tiempo cotizado	Importe aportado a la TGSS	Pensión anual por jubilación
Marcos	47 años y 1 mes	155.923,05 €	10.709,02 €
Alberto	15 años	32.796,80 €	11.016,60 €

O si lo prefiere, considerando la actualización que se llevó a cabo como consecuencia de la publicación del Real Decreto 1079/2017, de 29 de diciembre, sobre revalorización de pensiones de Clases Pasivas, de las pensiones del sistema de la Seguridad Social y de otras prestaciones sociales públicas para el ejercicio 2018, donde se determina un incremento de un 0,25% de las pensiones y se actualiza el complemento a mínimos, adaptando también el límite de ingresos para el reconocimiento de complementos económicos por mínimos a 8.321,85 € (recordemos que anteriormente el límite se establecía en 8.301,10 €) permitiendo, de paso, incrementar los ingresos que Alberto pudiese obtener en cualquier otro aspecto, corresponde adaptar nuestro cuadro a lo siguiente:

	Tiempo cotizado	Importe aportado a la TGSS	Pensión anual por jubilación
Marcos	47 años y 1 mes	155.923,05 €	10.735,79 €
Alberto	15 años	32.796,80 €	11.044,60 €

Más aún, habremos de analizar cuánto va a suponer al sistema el afrontar las pensiones de nuestro ejemplo, que considerando las actualizaciones expuestas ¡donde Alberto consigue más rentabilidad aún con respecto a Marcos! (por lo que deducimos que, para el colmo, obtendrá anualmente un poder adquisitivo superior al de Marcos) debemos calcular la rentabilidad que le supone al sistema ambos pensionistas, para lo cual, considerando que esta pensión es vitalicia, estableceremos una fecha de defunción igual para ambos, a los 93 años de edad.

En el caso de Marcos, habrá percibido un total de 391 pagas de 766,84 € (el primer mes que cumplía la edad legal de cotización hubo de cotizar, pues cumplía la edad el día 12 y se le exigía la cotización de este mes, computando la pensión desde el siguiente). Por lo tanto, el Instituto Nacional de la Seguridad Social aportaría un total de 299.835,28 €, ¡sin considerar la desviación del IPC! Por lo que Marcos le costaría al sistema, en el mejor de los casos (sin considerar que se desglose alguna pensión por viudedad, algún gasto médico, etc.), 143.912,23 €.

Más alarmante resulta el caso de Alberto, quien percibiría un total de 387 pagas de 788,90 € (recordemos que hubo de cotizar cinco meses después de los 65 años por no cumplir suficiente tiempo cotizado). El importe total que percibirá será 305.304,30 €, a lo que habremos de restar la totalidad del importe aportado, resultado la siguiente cifra: 272.507,50 € importe éste que se corresponde con el coste que supondrá Alberto a la Seguridad Social ¡nuevamente sin considerar la desviación del IPC, ni ningún otro factor adicional!

Permítame que concluya este aforismo con las que fueron palabras de Adrian Pierce Rogers:

"Todo lo que una persona recibe sin haber trabajado para obtenerlo, otra persona deberá haber trabajado para ello, pero sin recibirlo.

El gobierno no puede entregar nada a alguien, si antes no se lo ha quitado a alguna otra persona.

Cuando la mitad de las personas llegan a la conclusión de que ellas no tienen que trabajar porque la otra mitad está obligada a hacerse cargo de ellas, y cuando esta otra mitad se convence de que no vale la pena trabajar porque alguien les quitará lo que han logrado con su esfuerzo... Eso, mi querido amigo... ¡es el fin de cualquier nación!"

18

Concluiré el despropósito de la actual legislación en lo referente a pensiones contributivas por jubilación con un último ejemplo. En él, trataré de demostrar objetivamente la inexistente rentabilidad que supone para un trabajador del Régimen Especial de Trabajadores Autónomos excederse con la cotización por la base máxima.

Ejemplo 3:

Don Álvaro Jiménez, quien inició un próspero negocio de arquitectura, consideró apostar por el sistema de Seguridad Social y estableció desde siempre la base máxima de cotización posible en el Régimen Especial de Trabajadores Autónomos, de esta forma, quedaría garantizada una pensión por jubilación, pensaba él, muy elevada. Asimismo, consideró apropiado cotizar por todas las contingencias disponibles, con el fin de estar lo más protegido posible. Hemos de considerar que Álvaro estableció su alta en el CNAE 7111 (*Servicios técnicos de arquitectura*), por el cual cotizaría lo siguiente por accidentes de trabajo y contingencias profesionales (cobertura opcional):

- I.M.S.: 1%
- I.T.: 0,65%
- Total: 1,65%

El día 31 de mayo de 2017 cumplió la edad legal de jubilación, que, como ya había cotizado 37 años (la normativa le exigía al menos 36 años y 3 meses), coincidía con 65 años. Por lo tanto, procedió a solicitar la pensión, en la que tanto dinero había invertido, con fecha 1 de junio de 2017.

Al realizar el cálculo, obtuvo lo siguiente:

2017	ENE	FEB	MAR	ABR	MAY	JUN	JUL	AGO	SEP	OCT	NOV	DIC
B. introducida	3.751.20	3.751.20	3.751.20	3.751.20								
I. actualización	1	1	1	1								
B. actualizada	3.751.20	3.751.20	3.751.20	3.751.20								
2016	ENE	FEB	MAR	ABR	MAY	JUN	JUL	AGO	SEP	OCT	NOV	DIC
B. introducida	3.642.00	3.642.00	3.642.00	3.642.00	3.642.00	3.642.00	3.642.00	3.642.00	3.642.00	3.642.00	3.642.00	3.642.00
I. actualización	1	1	1	1	1	1	1	1	1	1	1	1
B. actualizada	3.642.00	3.642.00	3.642.00	3.642.00	3.642.00	3.642.00	3.642.00	3.642.00	3.642.00	3.642.00	3.642.00	3.642.00
2015	ENE	FEB	MAR	ABR	MAY	JUN	JUL	AGO	SEP	OCT	NOV	DIC
B. introducida	3.606.00	3.606.00	3.606.00	3.606.00	3.606.00	3.606.00	3.606.00	3.606.00	3.606.00	3.606.00	3.606.00	3.606.00
I. actualización	1.0177153	1.0156397	1.0091898	1	1	1	1	1	1	1	1	1
B. actualizada	3.669.88	3.662.39	3.639.13	3.606.00	3.606.00	3.606.00	3.606.00	3.606.00	3.606.00	3.606.00	3.606.00	3.606.00
2014	ENE	FEB	MAR	ABR	MAY	JUN	JUL	AGO	SEP	OCT	NOV	DIC
B. introducida	3.597.00	3.597.00	3.597.00	3.597.00	3.597.00	3.597.00	3.597.00	3.597.00	3.597.00	3.597.00	3.597.00	3.597.00
I. actualización	1.0042930	1.0047344	1.0024915	1	1	1	1.0025714	1.0009951	1	1	1	1.0013638
B. actualizada	3.612.44	3.614.02	3.605.96	3.597.00	3.597.00	3.597.00	3.606.24	3.600.57	3.597.00	3.597.00	3.597.00	3.601.90
2013	ENE	FEB	MAR	ABR	MAY	JUN	JUL	AGO	SEP	OCT	NOV	DIC
B. introducida	3.425.70	3.425.70	3.425.70	3.425.70	3.425.70	3.425.70	3.425.70	3.425.70	3.425.70	3.425.70	3.425.70	3.425.70
I. actualización	1.0062923	1.0045538	1.0010349	1	1	1	1	1	1	1	1	1
B. actualizada	3.447.25	3.441.29	3.429.24	3.425.70	3.425.70	3.425.70	3.425.70	3.425.70	3.425.70	3.425.70	3.425.70	3.425.70
2012	ENE	FEB	MAR	ABR	MAY	JUN	JUL	AGO	SEP	OCT	NOV	DIC
B. introducida	3.262.50	3.262.50	3.262.50	3.262.50	3.262.50	3.262.50	3.262.50	3.262.50	3.262.50	3.262.50	3.262.50	3.262.50
I. actualización	1.0332919	1.0322210	1.0253190	1.0111171	1.0126236	1.0145129	1.0168923	1.0111883	1.0013339	1	1	1
B. actualizada	3.371.11	3.367.62	3.345.10	3.298.76	3.303.68	3.309.84	3.317.61	3.299.00	3.266.85	3.262.50	3.262.50	3.262.50

2011	ENE	FEB	MAR	ABR	MAY	JUN	JUL	AGO	SEP	OCT	NOV	DIC
B. introducida	3.230.10	3.230.10	3.230.10	3.230.10	3.230.10	3.230.10	3.230.10	3.230.10	3.230.10	3.230.10	3.230.10	3.230.10
I. actualización	1.0539374	1.0526029	1.0447860	1.0319457	1.0322951	1.0337485	1.0393239	1.0380369	1.0355044	1.0274030	1.0232539	1.0219233
B. actualizada	3.404.32	3.400.01	3.374.76	3.333.28	3.334.41	3.339.11	3.357.12	3.352.96	3.344.78	3.318.61	3.305.21	3.300.91
2010	ENE	FEB	MAR	ABR	MAY	JUN	JUL	AGO	SEP	OCT	NOV	DIC
B. introducida	3.198.00	3.198.00	3.198.00	3.198.00	3.198.00	3.198.00	3.198.00	3.198.00	3.198.00	3.198.00	3.198.00	3.198.00
I. actualización	1.0883989	1.0903809	1.0823560	1.0709480	1.0685703	1.0666667	1.0714727	1.0687746	1.0680370	1.0583618	1.0525580	1.0462204
B. actualizada	3.480.69	3.487.03	3.461.37	3.424.89	3.417.28	3.411.20	3.426.56	3.417.94	3.415.58	3.384.64	3.366.40	3.345.81
2009	ENE	FEB	MAR	ABR	MAY	JUN	JUL	AGO	SEP	OCT	NOV	DIC
B. introducida	3.166.20	3.166.20	3.166.20	3.166.20	3.166.20	3.166.20	3.166.20	3.166.20	3.166.20	3.166.20	3.166.20	3.166.20
I. actualización	1.0995945	1.0994743	1.0976746	1.0870580	1.0874341	1.0826705	1.0919907	1.0881869	1.0907711	1.0830435	1.0772097	1.0774867
B. actualizada	3.481.53	3.481.15	3.475.45	3.441.84	3.443.03	3.427.95	3.457.46	3.445.41	3.453.59	3.429.13	3.410.66	3.411.53
2008	ENE	FEB	MAR	ABR	MAY	JUN	JUL	AGO	SEP	OCT	NOV	DIC
B. introducida	3.074.10	3.074.10	3.074.10	3.074.10	3.074.10	3.074.10	3.074.10	3.074.10	3.074.10	3.074.10	3.074.10	3.074.10
I. actualización	1.1084640	1.1067444	1.0970043	1.0853222	1.0780409	1.0718723	1.0770483	1.0793596	1.0795797	1.0758848	1.0804726	1.0860487
B. actualizada	3.407.52	3.402.24	3.372.30	3.336.33	3.314.00	3.295.04	3.310.95	3.318.05	3.318.73	3.307.37	3.321.48	3.338.62
2007	ENE	FEB	MAR	ABR	MAY	JUN	JUL	AGO	SEP	OCT	NOV	DIC
B. introducida	2.996.10	2.996.10	2.996.10	2.996.10	2.996.10	2.996.10	2.996.10	2.996.10	2.996.10	2.996.10	2.996.10	2.996.10
I. actualización	1.1558712	1.1550748	1.1463868	1.1307681	1.1276624	1.1255931	1.1338526	1.1322955	1.1285860	1.1141484	1.1062211	1.1016054
B. actualizada	3.463.10	3.460.71	3.434.68	3.387.89	3.378.58	3.372.38	3.397.13	3.392.47	3.381.35	3.338.10	3.314.34	3.300.51
2006	ENE	FEB	MAR	ABR	MAY	JUN	JUL	AGO	SEP	OCT	NOV	DIC
B. introducida	2.897.70	2.897.70	2.897.70	2.897.70	2.897.70	2.897.70	2.897.70	2.897.70	2.897.70	2.897.70	2.897.70	2.897.70
I. actualización	1.1835188	1.1829482	1.1746325	1.1582935	1.1541339	1.1523896	1.1592813	1.1569214	1.1588273	1.1540941	1.1512412	1.1481008
B. actualizada	3.429.48	3.427.82	3.403.73	3.356.38	3.344.33	3.339.27	3.359.24	3.352.41	3.357.93	3.344.21	3.335.95	3.326.85

2005	ENE	FEB	MAR	ABR	MAY	JUN	JUL	AGO	SEP	OCT	NOV	DIC
B. introducida	2.813.40	2.813.40	2.813.40	2.813.40	2.813.40	2.813.40	2.813.40	2.813.40	2.813.40	2.813.40	2.813.40	2.813.40
I. actualización	1.2331229	1.2299416	1.2202880	1.2029658	1.2006684	1.1979861	1.2052431	1.1999809	1.1926538	1.1830317	1.1812396	1.1787066
B. actualizada	3.469.26	3.460.31	3.433.15	3.384.42	3.377.96	3.370.07	3.390.83	3.376.02	3.355.41	3.328.34	3.323.29	3.316.17
2004	ENE	FEB	MAR	ABR	MAY	JUN	JUL	AGO	SEP	OCT	NOV	DIC
B. introducida	2.731.50	2.731.50	2.731.50	2.731.50	2.731.50	2.731.50	2.731.50	2.731.50	2.731.50	2.731.50	2.731.50	2.731.50
I. actualización	1.2711121	1.2705341	1.2617214	1.2446886	1.2373853	1.2354249	1.2448735	1.2393977	1.2371875	1.2245961	1.2215476	1.2227354
B. actualizada	3.472.04	3.470.46	3.446.39	3.399.86	3.379.91	3.374.56	3.400.37	3.385.41	3.379.37	3.344.98	3.336.65	3.339.90
2003	ENE	FEB	MAR	ABR	MAY	JUN	JUL	AGO	SEP	OCT	NOV	DIC
B. introducida	2.652.00	2.652.00	2.652.00	2.652.00	2.652.00	2.652.00	2.652.00	2.652.00	2.652.00	2.652.00	2.652.00	2.652.00
I. actualización	1.3004111	1.2976599	1.2887158	1.2783165	1.2795034	1.2786577	1.2867212	1.2808557	1.2770344	1.2684834	1.2643698	1.2621963
B. actualizada	3.448.69	3.441.39	3.417.67	3.390.09	3.393.24	3.391.00	3.412.38	3.396.82	3.385.69	3.364.01	3.353.10	3.347.34
2002	ENE	FEB	MAR	ABR	MAY	JUN	JUL	AGO	SEP	OCT	NOV	DIC
B. introducida	2.574.90	2.574.90	2.574.90	2.574.90	2.574.90	2.574.90	2.574.90	2.574.90	2.574.90	2.574.90	2.574.90	2.574.90
I. actualización	1.3486894	1.3475151	1.3364688	1.3185649	1.3138461	1.3137775	1.3229697	1.3191874	1.3142753	1.3013869	1.2993696	1.2950704
B. actualizada	3.472.74	3.469.71	3.441.27	3.395.17	3.383.02	3.382.84	3.406.51	3.396.77	3.384.12	3.350.94	3.345.74	3.334.67
2001	ENE	FEB	MAR	ABR	MAY	JUN	JUL	AGO	SEP	OCT	NOV	DIC
B. introducida	2.499.91	2.499.91	2.499.91	2.499.91	2.499.91	2.499.91	2.499.91	2.499.91	2.499.91	2.499.91	2.499.91	2.499.91
I. actualización	1.3898421	1.3895999	1.3785069	1.3664414	1.3613446	1.3583390	1.3680680	1.3671944	1.3603850	1.3532405	1.3503660	1.3468586
B. actualizada	3.474.48	3.473.84	3.446.14	3.415.98	3.403.23	3.395.72	3.420.04	3.417.86	3.400.84	3.382.97	3.375.79	3.367.02
2000	ENE	FEB	MAR	ABR	MAY	JUN	JUL	AGO	SEP	OCT	NOV	DIC
B. introducida	2.450.87	2.450.87	2.450.87	2.450.87	2.450.87	2.450.87	2.450.87	2.450.87	2.450.87	2.450.87	2.450.87	2.450.87
I. actualización	1.4343962	1.4323708	1.4267145	1.4208076	1.4184497	1.4141690	1.4056309	1.3997589	1.3961494	1.3925899	1.3891322	1.3843408
B. actualizada	3.515.51	3.510.55	3.496.69	3.482.21	3.476.43	3.465.94	3.445.01	3.430.62	3.421.78	3.413.05	3.404.58	3.392.83

173

1999	ENE	FEB	MAR	ABR	MAY	JUN	JUL	AGO	SEP	OCT	NOV	DIC
B. introducida	2.402,73	2.402,73	2.402,73	2.402,73	2.402,73	2.402,73	2.402,73	2.402,73	2.402,73	2.402,73	2.402,73	2.402,73
I. actualización	1,4756816	1,4748093	1,4683347	1,4629245	1,4629709	1,4626590	1,4563468	1,4501697	1,4473843	1,4479292	1,4456050	1.4391145
B. actualizada	3.545,66	3.543,56	3.528.01	3.515.01	3.515,12	3.515,12	3.514,37	3.499.20	3.484,36	3.477,67	3.478,98	3.473,39	3.457,80
1998	ENE	FEB	MAR	ABR	MAY	JUN	JUL	AGO	SEP	OCT	NOV	DIC
B. introducida	2.360,17	2.360,17	2.360,17	2.360,17	2.360,17	2.360,17	2.360,17	2.360,17	2.360,17	2.360,17	2.360,17	2.360,17
I. actualización	1,4983890	1,5018995	1,5012034	1,4974896	1,4955367	1,4945681	1,4890713	1,4850947	1,4839965	1,4838653	1,4852022	1.4811035
B. actualizada	3.536,45	3.544,73	3.543.09	3.534.33	3.529,72	3.527,43	3.514,46	3.505,07	3.502,48	3.502.17	3.505,32	3.495,65
1997	ENE	FEB	MAR	ABR	MAY	JUN	JUL	AGO	SEP	OCT	NOV	DIC
B. introducida					2.311,67	2.311,67	2.311,67	2.311,67	2.311,67	2.311,67	2.311,67	2.311,67
I. actualización					1,5252509	1,5253013	1,5225089	1,5158213	1,5083537	1,5089084	1,5059177	1.5019239
B. actualizada					3.525,87	3.525,99	3.519,53	3.504.07	3.486.81	3.488.09	3.481,18	3.471,95

Base   Reguladora (20 años) =   827.306,28 / 280 = 2.954,67 €.

Ahora bien, si consideramos lo establecido en el primer punto, del segundo apartado del Anexo I del Real Decreto 746/2016, de 30 de diciembre, sobre revalorización y complementos de pensiones de Clases Pasivas y sobre revalorización de las pensiones del sistema de la Seguridad Social y de otras prestaciones sociales públicas para el ejercicio 2017, que era la legislación aplicable en aquel momento, ya que el actual Real Decreto 1079/2017, de 29 de diciembre, sobre revalorización de pensiones de Clases Pasivas, de las pensiones del sistema de la Seguridad Social y de otras prestaciones sociales públicas para el ejercicio 2018, no se publicó en el BOE hasta el 30 de diciembre de 2017, comprobaremos que la pensión de Álvaro quedaba, injustamente si me permite el distinguido lector, topada, pues en aquel se establecía lo siguiente:

"II. Cuantías de otras pensiones y prestaciones públicas.

*1. Límite máximo de percepción de pensión pública: **2.573,70 euros/mes** o 36.031,80 euros/año."*

A continuación, únicamente nos quedará comprobar la rentabilidad de la inversión por la que apostó Álvaro ante la Seguridad Social, para ello tomaré, como en casos anteriores, la última base de cotización y le aplicaré los porcentajes correspondientes a las coberturas cotizadas. Nuevamente reitero que si bien el dato no es exacto, pues sería preciso analizar la desviación del IPC en todos los recibos abonados durante la vida del sujeto, sí es bastante fiable, pues estamos realizando el cálculo sin esta desviación, pero considerando la última base, que supuestamente ha ido variando de forma semejante (que no igual) al IPC.

Para obtener la base máxima de cotización por la que ha cotizado Álvaro, es preciso considerar lo dispuesto en el artículo 2 de la Orden ESS/106/2017, de 9 de febrero, por la que se desarrollan las normas legales de cotización a la Seguridad Social, desempleo, protección por cese de actividad, Fondo de Garantía Salarial y formación profesional para el ejercicio 2017, donde se establece lo siguiente:

"Artículo 2. Topes máximo y mínimo de cotización.

1. El tope máximo de la base de cotización al Régimen General será, a partir de 1 de enero de 2017, de 3.751,20 euros mensuales.

2. A partir de la fecha indicada en el apartado 1, el tope mínimo de cotización para las contingencias de accidente de trabajo y enfermedad profesional será equivalente al salario mínimo interprofesional vigente en cada momento, incrementado por el prorrateo de las percepciones de vencimiento superior al mensual que perciba el trabajador, sin que pueda ser inferior a 825,60 euros mensuales."

Así pues, el recibo de Seguridad Social que pagaría Álvaro, atendiendo a su actividad, se desglosa en lo siguiente:

- 3.751,20 x 26,5% (contingencias comunes) = 994,10 €.

- 3.751,20 x 3,3% (incapacidad temporal) = 123,79 €

- 3.751,20 x 1,65% (contingencias profesionales) = 61,89 €.

- 3.751,20 x 2,2% (cese de actividad) = 82,53 €.

- TOTAL: 1.262,31 €/ mes.

Como ya exponía, Álvaro había cotizado un total de 37 años, de modo que el cálculo se corresponde con lo siguiente:

1.262,31 x 12 meses x 37 años = 560.465,64 €.

Atendiendo al tope establecido, Álvaro obtendrá anualmente 14 pagas de 2.573,70 €, importe que coincide con 12 pagas (incluyendo las dos pagas extraordinarias anuales) de 3.002,65 €, por lo tanto:

560.465,64 / 3.002,65 = 186,66 meses.

Es decir, Álvaro recuperaría su pensión a los 80 años, 6 meses y 18 días.

Si bien es cierto que existen inversiones más fiables, en las que se recupera antes el capital aportado, a priori esta inversión no es tan descabellada como las expuestas en otros ejemplos. Ahora bien, ¿qué importe hubiese resultado si Álvaro hubiese permanecido desde julio de 2014 cotizando por la base mínima?

En este nuevo supuesto, el cálculo se correspondería con lo siguiente:

2017	ENE	FEB	MAR	ABR	MAY	JUN	JUL	AGO	SEP	OCT	NOV	DIC
B. introducida	893,10	893,10	893,10	893,10								
I. actualización	1	1	1	1								
B. actualizada	893,10	893,10	893,10	893,10								

2016	ENE	FEB	MAR	ABR	MAY	JUN	JUL	AGO	SEP	OCT	NOV	DIC
B. introducida	893,10	893,10	893,10	893,10	893,10	893,10	893,10	893,10	893,10	893,10	893,10	893,10
I. actualización	1	1	1	1	1	1	1	1	1	1	1	1
B. actualizada	893,10	893,10	893,10	893,10	893,10	893,10	893,10	893,10	893,10	893,10	893,10	893,10

2015	ENE	FEB	MAR	ABR	MAY	JUN	JUL	AGO	SEP	OCT	NOV	DIC
B. introducida	884,40	884,40	884,40	884,40	884,40	884,40	884,40	884,40	884,40	884,40	884,40	884,40
I. actualización	1.0177153	1.0156397	1,0091898	1	1	1	1	1	1	1	1	1
B. actualizada	900.06	898.23	892.52	884,40	884,40	884,40	884,40	884,40	884,40	884,40	884,40	884,40

2014	ENE	FEB	MAR	ABR	MAY	JUN	JUL	AGO	SEP	OCT	NOV	DIC
B. introducida	3.597,00	3.597.00	3.597.00	3.597.00	3.597.00	3.597.00	875.70	875.70	875.70	875.70	875.70	875.70
I. actualización	1.0042930	1.0047344	1.0024915	1	1	1	1.0025714	1.0009951	1	1	1	1.0013638
B. actualizada	3.612.44	3.614.02	3.605.96	3.597.00	3.597.00	3.597.00	877.95	876.57	875.70	875.70	875.70	876.89

2013	ENE	FEB	MAR	ABR	MAY	JUN	JUL	AGO	SEP	OCT	NOV	DIC
B. introducida	3.425.70	3.425.70	3.425.70	3.425.70	3.425,70	3.425,70	3.425,70	3.425.70	3.425.70	3.425.70	3.425.70	3.425.70
I. actualización	1.0062923	1.0045538	1.0010349	1	1	1	1	1	1	1	1	1
B. actualizada	3.447,25	3.441,29	3.429.24	3.425.70	3.425.70	3.425.70	3.425.70	3.425.70	3.425.70	3.425.70	3.425.70	3.425,70

2012	ENE	FEB	MAR	ABR	MAY	JUN	JUL	AGO	SEP	OCT	NOV	DIC
B. introducida	3.262,50	3.262,50	3.262.50	3.262.50	3.262,50	3.262,50	3.262,50	3.262.50	3.262.50	3.262.50	3.262,50	3.262,50
I. actualización	1.0332919	1.0322210	1.0253190	1.0111171	1.0126236	1.0145129	1.0168923	1.0111883	1.0013339	1	1	1
B. actualizada	3.371,11	3.367.62	3.345,10	3.298.76	3.303.68	3.309.84	3.317.61	3.299.00	3.266.85	3.262.50	3.262.50	3.262.50

2011	ENE	FEB	MAR	ABR	MAY	JUN	JUL	AGO	SEP	OCT	NOV	DIC
B. introducida	3.230,10	3.230,10	3.230,10	3.230,10	3.230.10	3.230,10	3.230,10	3.230.10	3.230.10	3.230.10	3.230.10	3.230,10
I. actualización	1.0539374	1.0526029	1.0447860	1.0319457	1.0322951	1.0337485	1.0393239	1.0380369	1.0355044	1.0274030	1.0232539	1.0219233
B. actualizada	3.404.32	3.400.01	3.374.76	3.333.28	3.334.41	3.339,11	3.357.12	3.352.96	3.344.78	3.318.61	3.305,21	3.300.91

2010	ENE	FEB	MAR	ABR	MAY	JUN	JUL	AGO	SEP	OCT	NOV	DIC
B. introducida	3.198,00	3.198.00	3.198.00	3.198.00	3.198.00	3.198.00	3.198.00	3.198.00	3.198.00	3.198.00	3.198.00	3.198.00
I. actualización	1.0883989	1.0903809	1.0823560	1.0709480	1.0685703	1.0666667	1.0714727	1.0687746	1.0680370	1.0583618	1.0526580	1.0462204
B. actualizada	3.480,69	3.487.03	3.461,37	3.424.99	3.417,28	3.411,20	3.426,56	3.417,94	3.415.58	3.384,64	3.366,40	3.345.81

2009	ENE	FEB	MAR	ABR	MAY	JUN	JUL	AGO	SEP	OCT	NOV	DIC
B. introducida	3.166.20	3.166.20	3.166.20	3.166.20	3.166.20	3.166,20	3.166.20	3.166.20	3.166.20	3.166.20	3.166,20	3.166,20
I. actualización	1.0995945	1.0994743	1.0976746	1.0870580	1.0874341	1.0826705	1.0919907	1.0881869	1.0907711	1.0830435	1.0772097	1.0774867
B. actualizada	3.481,53	3.481,15	3.475.45	3.441.84	3.443.03	3.427.95	3.457.46	3.445,41	3.453.59	3.429,13	3.410,66	3.411.53

2008	ENE	FEB	MAR	ABR	MAY	JUN	JUL	AGO	SEP	OCT	NOV	DIC
B. introducida	3.074,10	3.074,10	3.074,10	3.074,10	3.074,10	3.074,10	3.074,10	3.074,10	3.074,10	3.074,10	3.074,10	3.074,10
I. actualización	1.1064640	1.1067444	1.0970043	1.0853222	1.0780409	1.0718723	1.0770483	1.0793596	1.0795797	1.0758848	1.0804726	1.0860487
B. actualizada	3.407.52	3.402.24	3.372.30	3.336.38	3.314.00	3.295.04	3.310.95	3.318.05	3.318.73	3.307.37	3.321.48	3.338.62

2007	ENE	FEB	MAR	ABR	MAY	JUN	JUL	AGO	SEP	OCT	NOV	DIC
B. introducida	2.996,10	2.996,10	2.996,10	2.996,10	2.996,10	2.996,10	2.996,10	2.996,10	2.996,10	2.996,10	2.996,10	2.996,10
I. actualización	1.1558712	1.1550748	1.1463868	1.1307681	1.1276624	1.1255931	1.1338526	1.1322955	1.1285869	1.1141484	1.1062211	1.1016054
B. actualizada	3.463,10	3.460.71	3.434.68	3.387.99	3.378.58	3.372,38	3.397.13	3.392.47	3.381,35	3.338,10	3.314,34	3.300.51

2006	ENE	FEB	MAR	ABR	MAY	JUN	JUL	AGO	SEP	OCT	NOV	DIC
B. introducida	2.897.70	2.897.70	2.897.70	2.897.70	2.897.70	2.897.70	2.897.70	2.897.70	2.897.70	2.897.70	2.897.70	2.897.70
I. actualización	1.1835188	1.1829482	1.1746325	1.1562935	1.1541339	1.1523886	1.1592813	1.1569214	1.1588273	1.1540941	1.1512412	1.1481006
B. actualizada	3.429,46	3.427.82	3.403.73	3.356.38	3.344,33	3.339,27	3.359.24	3.352.41	3.357.93	3.344,21	3.335,95	3.326,85

2005	ENE	FEB	MAR	ABR	MAY	JUN	JUL	AGO	SEP	OCT	NOV	DIC
B. introducida	2.813,40	2.813,40	2.813,40	2.813,40	2.813,40	2.813,40	2.813,40	2.813,40	2.813,40	2.813,40	2.813,40	2.813,40
I. actualización	1,2331229	1,2299416	1,2202880	1,2029658	1,2006684	1,1978661	1,2052431	1,1999809	1,1926538	1,1830317	1,1812396	1,1787066
B. actualizada	3.469,26	3.460,31	3.433,15	3.384,42	3.377,96	3.370,07	3.390,83	3.376,02	3.355,41	3.328,34	3.323,29	3.316,17
2004	ENE	FEB	MAR	ABR	MAY	JUN	JUL	AGO	SEP	OCT	NOV	DIC
B. introducida	2.731,50	2.731,50	2.731,50	2.731,50	2.731,50	2.731,50	2.731,50	2.731,50	2.731,50	2.731,50	2.731,50	2.731,50
I. actualización	1,2711121	1,2705341	1,2617214	1,2446885	1,2373853	1,2354249	1,2448735	1,2393977	1,2371875	1,2245961	1,2215476	1,2227354
B. actualizada	3.472,04	3.470,46	3.445,39	3.399,86	3.379,91	3.374,56	3.400,37	3.385,41	3.379,37	3.344,98	3.336,65	3.339,90
2003	ENE	FEB	MAR	ABR	MAY	JUN	JUL	AGO	SEP	OCT	NOV	DIC
B. introducida	2.652,00	2.652,00	2.652,00	2.652,00	2.652,00	2.652,00	2.652,00	2.652,00	2.652,00	2.652,00	2.652,00	2.652,00
I. actualización	1,3004111	1,2976599	1,2887158	1,2783165	1,2795034	1,2786577	1,2867212	1,2808557	1,2770344	1,2684834	1,2643698	1,2621963
B. actualizada	3.448,69	3.441,39	3.417,64	3.390,09	3.393,24	3.391,00	3.412,38	3.396,82	3.386,69	3.364,01	3.353,10	3.347,34
2002	ENE	FEB	MAR	ABR	MAY	JUN	JUL	AGO	SEP	OCT	NOV	DIC
B. introducida	2.574,90	2.574,90	2.574,90	2.574,90	2.574,90	2.574,90	2.574,90	2.574,90	2.574,90	2.574,90	2.574,90	2.574,90
I. actualización	1,3486894	1,3475151	1,3364588	1,3185649	1,3138461	1,3137775	1,3229697	1,3191874	1,3142753	1,3013859	1,2993696	1,2950704
B. actualizada	3.472,74	3.469,71	3.441,27	3.395,17	3.383,02	3.382,84	3.406,51	3.396,77	3.384,12	3.350,94	3.345,74	3.334,67
2001	ENE	FEB	MAR	ABR	MAY	JUN	JUL	AGO	SEP	OCT	NOV	DIC
B. introducida	2.499,91	2.499,91	2.499,91	2.499,91	2.499,91	2.499,91	2.499,91	2.499,91	2.499,91	2.499,91	2.499,91	2.499,91
I. actualización	1,3898421	1,3895899	1,3785069	1,3664414	1,3613446	1,3583380	1,3680680	1,3671944	1,3603850	1,3532405	1,3503660	1,3468586
B. actualizada	3.474,48	3.473,84	3.446,14	3.415,98	3.403,23	3.395,72	3.420,04	3.417,86	3.400,84	3.382,97	3.375,79	3.367,02
2000	ENE	FEB	MAR	ABR	MAY	JUN	JUL	AGO	SEP	OCT	NOV	DIC
B. introducida	2.450,87	2.450,87	2.450,87	2.450,87	2.450,87	2.450,87	2.450,87	2.450,87	2.450,87	2.450,87	2.450,87	2.450,87
I. actualización	1,4343962	1,4323708	1,4267146	1,4208076	1,4184497	1,4141690	1,4056309	1,3997589	1,3961494	1,3925899	1,3891322	1,3843408
B. actualizada	3.515,51	3.510,55	3.496,69	3.482,21	3.476,43	3.465,94	3.445,01	3.430,62	3.421,78	3.413,05	3.404,58	3.392,83
1999	ENE	FEB	MAR	ABR	MAY	JUN	JUL	AGO	SEP	OCT	NOV	DIC
B. introducida	2.402,73	2.402,73	2.402,73	2.402,73	2.402,73	2.402,73	2.402,73	2.402,73	2.402,73	2.402,73	2.402,73	2.402,73
I. actualización	1,4756816	1,4748093	1,4683154	1,4629245	1,4629709	1,4626580	1,4563468	1,4501697	1,4473843	1,4479292	1,4456050	1,4391145
B. actualizada	3.545,66	3.543,56	3.526,01	3.515,01	3.515,12	3.514,37	3.499,20	3.484,36	3.477,67	3.478,98	3.473,39	3.457,80
1998	ENE	FEB	MAR	ABR	MAY	JUN	JUL	AGO	SEP	OCT	NOV	DIC
B. introducida	2.360,17	2.360,17	2.360,17	2.360,17	2.360,17	2.360,17	2.360,17	2.360,17	2.360,17	2.360,17	2.360,17	2.360,17
I. actualización	1,4983890	1,5018995	1,5012034	1,4974896	1,4955367	1,4945681	1,4890713	1,4850947	1,4839965	1,4838653	1,4852022	1,4811035
B. actualizada	3.536,45	3.544,73	3.543,09	3.534,33	3.529,72	3.527,43	3.514,46	3.505,07	3.502,48	3.502,17	3.505,32	3.495,65
1997	ENE	FEB	MAR	ABR	MAY	JUN	JUL	AGO	SEP	OCT	NOV	DIC
B. introducida					2.311,67	2.311,67	2.311,67	2.311,67	2.311,67	2.311,67	2.311,67	2.311,67
I. actualización					1,5252509	1,5253013	1,5225089	1,5158213	1,5083537	1,5089084	1,5059177	1,5019239
B. actualizada					3.525,87	3.525,99	3.519,53	3.504,07	3.486,81	3.488,09	3.481,18	3.471,95

Base Reguladora (20 años) = 733.770,89 / 280 = 2.620,61 €.

Por lo tanto, nuevamente quedaría la pensión por encima del tope establecido, de modo que, de igual modo, habría de reducirse hasta 14 pagas anuales de 2.573,70 €.

Calculemos entonces, qué importe se habría ahorrado Álvaro en este sentido:

- 893,10 x 26,5% (contingencias comunes) = 236,67 €.

- 893,10 x 3,3% (incapacidad temporal) = 29,47 €

- 893,10 x 1,65% (contingencias profesionales) = 14,74 €.

- 893,10 x 2,2% (cese de actividad) = 19,65 €.

- TOTAL: 300,53 €/ mes.

Lo que supone un ahorro mensual de 1.262,31 – 300,53 = 961,78 €. Es decir, desde julio de 2014, hasta mayo de 2017 (inclusive) supone un ahorro total de 34 x 961,78 € = 32.700,52 €

Es decir, se premiaría de igual modo una inversión de 560.465,64 € que otra de 527.765,12 €.

Más aún, si consideramos que en este ejemplo únicamente se considerarán los últimos 20 años cotizados, es de recibo afirmar que el resto de cotización sobre la base máxima habrá sido dinero perdido. Así pues, considerando que Álvaro cotizó 37 años, hubiese obtenido la misma rentabilidad si los primeros 17 años hubiese cotizado por la base mínima. De esta forma, concluyo que habrá perdido un total de 17 x 12 x 961,78 = 196.203,12 €.

A modo de conclusión, comprenderá el distinguido lector que, en ocasiones, no es rentable optar por la base máxima de cotización porque de cualquier modo el importe coincidirá con el tope máximo establecido. Asimismo, el importe cotizado antes del periodo establecido para realizar el cálculo, será indiferente que conste por cualquier base a efectos de la pensión por jubilación. He aquí un importante lastre que la normativa impone al sistema, ya que a igualdad de resultados, el cotizante preferirá aportar lo menos posible, con el propósito de incrementar la rentabilidad de la inversión que afronta.

Más aún, si consideramos lo expuesto en el segundo punto del artículo 4 de la Ley 27/2011, de 1 de agosto, sobre actualización, adecuación y modernización del sistema de Seguridad Social, que incorpora la vigésima disposición transitoria al Texto Refundido de la Ley General de la Seguridad Social, aprobado por Real Decreto Legislativo 1/1994, de 20 de junio, comprobamos que, con el fin de parchear el fracaso de la anterior normativa, se exige a la nueva generación que cotice durante más tiempo que la anterior, incrementando esta exigencia exponencialmente. He aquí el resultado de las pésimas políticas que padecemos en España, evocando a las nuevas generaciones a solucionar el problema no resuelto de sus ancestros, mas, volcando toda la esperanza de la nación en unas cotizaciones que cada vez son más complicadas, pues los niveles de desempleo llegan a cuestionar el modelo actual. Observe cuál es la exigencia exponencial a la que me refiero:

"Dos. Se incorpora una nueva disposición transitoria, la vigésima, con la siguiente redacción:

«*Disposición transitoria vigésima. Aplicación paulatina de la edad de jubilación y de los años de cotización.*

Las edades de jubilación y el período de cotización a que se refiere la letra a) del apartado 1 del artículo 161 se aplicarán de forma gradual, en los términos que resultan del siguiente cuadro:

Año	Períodos cotizados	Edad exigida
2013	35 años y 3 meses o más.	65 años.
	Menos de 35 años y 3 meses.	65 años y 1 mes.
2014	35 años y 6 meses o más.	65 años.
	Menos de 35 años y 6 meses.	65 años y 2 meses.
2015	35 años y 9 meses o más.	65 años.
	Menos de 35 años y 9 meses.	65 años y 3 meses.
2016	36 o más años.	65 años.
	Menos de 36 años.	65 años y 4 meses.
2017	36 años y 3 meses o más.	65 años.

	Menos de 36 años y 3 meses.	65 años y 5 meses.
2018	36 años y 6 meses o más.	65 años.
	Menos de 36 años y 6 meses.	65 años y 6 meses.
2019	36 años y 9 meses o más.	65 años.
	Menos de 36 años y 9 meses.	65 años y 8 meses.
2020	37 o más años.	65 años.
	Menos de 37 años.	65 años y 10 meses.
2021	37 años y 3 meses o más.	65 años.
	Menos de 37 años y 3 meses.	66 años.
2022	37 años y 6 meses o más.	65 años.
	Menos de 37 años y 6 meses.	66 años y 2 meses.
2023	37 años y 9 meses o más.	65 años.
	Menos de 37 años y 9	66 años y 4

		meses.
	38 o más años.	65 años.
2024	Menos de 38 años.	66 años y 6 meses.
2025	38 años y 3 meses o más.	65 años.
	Menos de 38 años y 3 meses.	66 años y 8 meses.
2026	38 años y 3 meses o más.	65 años.
	Menos de 38 años y 3 meses.	66 años y 10 meses.
A partir del año 2027	38 años y 6 meses o más.	65 años.
	Menos de 38 años y 6 meses.	67 años.

Como comprobará el distinguido lector, a mí se me exigirá un periodo de cotización superior que a mis padres, mas, a mis hijos se les exigirá un periodo superior al que se me exige a mí... ¡Porque el legislador no realiza correctamente su trabajo!

Si a todo lo expuesto, sumamos la total incertidumbre política que padecemos, comprenderemos que nuestra inversión, además, cuenta con un riesgo difícilmente estimable.

Ante el mismo resultado, únicamente aquél que esté desinformado decidirá cotizar por el máximo establecido durante toda su vida laboral, penalizando así la contribución al sistema.

Sería injusto finalizar aquí mis palabras, pues es de recibo exponer que la cotización no sólo genera derechos al cotizante a favor de una pensión por jubilación, sino que también, como es en el caso de este último ejemplo, también genera derecho al cobro de una prestación económica por padecer un periodo de baja por incapacidad temporal, derivada de contingencias comunes, accidente no laboral, contingencias profesionales o accidente laboral. Asimismo, la protección por cese de actividad también es una cobertura que generará derechos a favor del cotizante, pues permitirá cobrar la prestación por desempleo al trabajador autónomo, con los complicadísimos condicionantes que exige la legislación actual para ello, los cuales no citaré por no venir al caso.

También, el cotizante, podrá beneficiarse de las prestaciones por incapacidad, muerte y supervivencia, así como por riesgo durante el embarazo o lactancia, maternidad, paternidad, etc.

19

En otro orden, estimaré el despropósito que suponía los plazos anteriormente establecidos en el

Régimen Especial de Trabajadores Autónomos para cambiar la base sobre la que se aplican los porcentajes, reduciendo así notablemente, los ingresos al sistema.

Para comprender esto, hemos de analizar lo dispuesto en el artículo único de la Orden TIN/2445/2010, de 16 de septiembre, por la que se modifica la Orden de 24 de septiembre de 1970, por la que se dictan normas para la aplicación y desarrollo del Régimen Especial de la Seguridad Social de los Trabajadores por Cuenta Propia o Autónomos, donde se establece:

"Artículo único. Modificación de la Orden de 24 de septiembre de 1970, por la que se dictan normas para la aplicación y desarrollo del Régimen Especial de la Seguridad Social de los Trabajadores por Cuenta Propia o Autónomos.

Los apartados 1 y 3 del artículo 26 de la Orden de 24 de septiembre de 1970, por la que se dictan normas para la aplicación y desarrollo del Régimen Especial de la Seguridad Social de los Trabajadores por Cuenta Propia o Autónomos, quedan redactados en los siguientes términos:

*«1. Las personas incluidas en el campo de aplicación de este régimen especial **podrán cambiar dos veces al año la base por la que viniesen obligadas a cotizar**, eligiendo otra, **dentro de los límites mínimo y máximo aplicables en cada ejercicio**, siempre que así lo soliciten de la Tesorería General de la*

Seguridad Social **antes del 1 de mayo, con efectos del 1 de julio siguiente, y antes del 1 de noviembre, con efectos del 1 de enero del año siguiente.**»

«*3. Sin perjuicio de lo indicado en los apartados anteriores, los trabajadores por cuenta propia o autónomos que estén cotizando por cualquiera de las bases máximas de este régimen especial podrán solicitar que, mientras mantengan su situación de alta en dicho régimen, su base de cotización se incremente automáticamente en el mismo porcentaje en que se aumenten dichas bases máximas.*

Asimismo, los trabajadores por cuenta propia o autónomos que no estén cotizando por cualquiera de las bases máximas podrán solicitar que, mientras mantengan su situación de alta, su base de cotización se incremente automáticamente en el mismo porcentaje en que se aumenten las bases máximas de cotización de este régimen especial. **En ningún caso, la base de cotización elegida podrá ser superior al tope máximo de cotización que pudiera afectar al trabajador.**

Cualquiera de las opciones anteriores que se ejerciten simultáneamente con el alta en este régimen especial o, posteriormente al alta, antes del día primero de noviembre de cada año, tendrán efectos desde el día 1 de enero del año siguiente a la fecha de la solicitud. La renuncia a estas opciones podrá realizarse en el mismo plazo y tendrá efectos a partir del 31 de diciembre del año en el que se presente la solicitud.»

Así pues, atendiendo a lo expuesto, el distinguido lector comprobará que si un autónomo deseaba incrementar su base de cotización y así contribuir con un importe superior al sistema, tornando su solicitud el 1 de noviembre del presente año, la Tesorería General de la Seguridad Social no aceptaría el importe superior que ha de abonar éste, hasta el 1 de julio del siguiente año. ¡Perdiendo así el importe que desea pagar el cotizante a mayores!

Es decir, el sistema necesitaba urgentemente liquidez, un autónomo deseaba inyectar un importe extra, ya sea rentable para sus intereses o no... ¡Y la Tesorería General de la Seguridad Social no aceptaba su dinero!

Con la entrada en vigor de la Disposición final segunda de la Ley 6/2017, se modifica el Real Decreto 2064/1995, de 22 de diciembre, quedando redactado como sigue:

"Uno. El apartado 2 del artículo 43 queda redactado en los siguientes términos:

«2. Las bases mínima y máxima de cotización a este régimen especial, para todas las contingencias y situaciones protegidas por el mismo, serán las que se establezcan en cada ejercicio económico por la Ley de Presupuestos Generales del Estado.

La inclusión en este régimen especial llevará implícita la obligación de cotizar, al menos, sobre la cuantía de la base mínima que corres-

ponda al interesado, sin perjuicio del derecho de este a elegir otra base superior, dentro de los límites comprendidos entre las bases mínima y máxima establecidas anualmente por la respectiva Ley de Presupuestos Generales del Estado, ya sea con carácter general o con carácter particular para determinados trabajadores autónomos, por razón de su edad, condición, actividad, situación o número de trabajadores que hayan contratado a su servicio en el ejercicio anterior.

La elección de la base deberá realizarse de forma simultánea a la solicitud de alta en este régimen especial, dentro del plazo establecido para formular esta, y surtirá efectos desde el momento en que nazca la obligación de cotizar, de conformidad con el artículo 45.2.

El interesado podrá modificar su base con posterioridad por elección de otra, en los términos y condiciones establecidos por el artículo 43 bis de este reglamento.»

Dos. Se añade un nuevo artículo, 43 bis, con la siguiente redacción:

«Artículo 43 bis. Cambios posteriores de base.

*1. Los trabajadores incluidos en el campo de aplicación de este régimen especial **podrán cambiar hasta cuatro veces al año la base por la que viniesen obligados a cotizar**, eligiendo otra dentro de los límites mínimo y máximo que les resulten aplicables en cada ejercicio, siem-*

pre que así lo soliciten a la Tesorería General de la Seguridad Social, con los siguientes efectos:

a) 1 de abril, si la solicitud se formula entre el 1 de enero y el 31 de marzo.

b) 1 de julio, si la solicitud se formula entre el 1 de abril y el 30 de junio.

c) 1 de octubre, si la solicitud se formula entre el 1 de julio y el 30 de septiembre.

d) 1 de enero del año siguiente, si la solicitud se formula entre el 1 de octubre y el 31 de diciembre.

2. Los trabajadores autónomos que, en el momento de surtir efectos el cambio voluntario de base de cotización, reúnan las circunstancias de edad, condición, actividad, situación o número de trabajadores a su servicio a que se refiere el artículo 43.2, sólo podrán elegir una base que esté comprendida entre los límites mínimo y máximo establecidos específicamente para ellos en cada ejercicio por la respectiva Ley de Presupuestos Generales del Estado.

3. Sin perjuicio de lo indicado en los apartados anteriores, los trabajadores autónomos que estén cotizando por cualquiera de las bases máximas de este régimen especial podrán solicitar que, mientras mantengan su situación de alta en dicho régimen, su base de cotización se incremente automáticamente en el mismo porcentaje en que se aumenten esas bases máximas.

Asimismo, los trabajadores autónomos que no estén cotizando por cualquiera de las bases máximas podrán solicitar que, mientras mantengan su situación de alta, su base de cotización se incremente automáticamente en el mismo porcentaje en que se aumenten las bases máximas de cotización de este régimen especial. En ningún caso la base de cotización elegida podrá ser superior al límite máximo que pudiera afectar al trabajador.

Cualquiera de las opciones anteriores que se ejerciten simultáneamente con el alta en este régimen especial o, posteriormente al alta, durante todo el año natural, tendrán efectos desde el día 1 de enero del año siguiente a la fecha de presentación de la solicitud. La renuncia a estas opciones podrá realizarse, asimismo, durante todo el año natural, con efectos a partir del día 1 de enero del año siguiente a aquel en el que se presente la solicitud.»

Así pues, con la entrada en vigor del citado artículo, se incrementan los plazos para modificar la base de cotización del autónomo, posibilitando incrementar el importe que se desee, con limitaciones, abonar a la Tesorería General de la Seguridad Social en concepto de cuotas, otorgando así mayor liquidez a la Tesorería General de la Seguridad Social

20

Recordará el distinguido lector que en uno de los primeros aforismos trataba de explicar el despropósito que supone el artículo 2 del Decreto 2530/1970, de 20 de agosto, por el que se regula el régimen especial de la Seguridad Social de los trabajadores por cuenta propia o autónomos.

Es mi deseo finalizar este informe incidiendo nuevamente en el citado Decreto, esta vez, enfocando los artículos décimo y decimotercero del mismo.

En estos dos artículos se exponía lo siguiente:

"Artículo 10. Efectos.

1. Las altas, iniciales o sucesivas, **tendrán efectos desde el día primero del mes al que correspondan las primeras cuotas ingresadas,** *de conformidad con lo dispuesto en el artículo 13, por iniciación o reanudación de la cotización obligatoria, respectivamente.*

2. Las **bajas tendrán efectos desde el día primero del mes siguiente** *a aquel en que en la persona de que se trate dejen de concurrir las condiciones y requisitos determinantes de su inclusión en el campo de aplicación de este régimen especial.*

Artículo 13. Nacimiento y duración de la obligación de cotizar.

1. La obligación de cotizar nace desde el día primero del mes natural en que concurran en la persona de que se trate las condiciones determinantes de su inclusión en el campo de aplicación de este régimen especial, sin que sea obstáculo para ello aquellos actos u omisiones que puedan constituir el incumplimiento de obligaciones que conciernen al propio interesado o sujeto responsable.

Se mantendrá la obligación de cotizar mientras subsistan tales condiciones y se extinguirá al vencimiento del último día del mes natural en que las mismas dejen de concurrir en la persona de que se trate.

2. No obstante, la obligación de cotizar continuará, en su caso, en las situaciones asimiladas a la de alta previstas en el número 2 del artículo 29 y de conformidad con lo que para las mismas se determine en las disposiciones de aplicación y desarrollo de este Decreto.

3. En todo caso, la obligación de cotizar queda referida a meses completos."

Si bien ambos artículos fueron derogados con el Real Decreto 84/1996, de 26 enero, por el que se aprueba el Reglamento General sobre inscripción de empresas y afiliación, altas, bajas y variaciones de datos de trabajadores en la Seguridad Social, el legislador volvía a errar en el mismo asunto.

Véase el artículo 46 del citado Real Decreto:

"*Artículo 46. En el Régimen Especial de los Trabajadores por Cuenta Propia o Autónomos. Afiliación, altas y bajas.*

1. La afiliación, altas, bajas y variaciones de datos de los trabajadores comprendidos en el campo de aplicación de este Régimen Especial se efectuarán con arreglo a las peculiaridades señaladas en los apartados siguientes, sin perjuicio de las establecidas especialmente en el artículo 47 bis respecto a los que estén incluidos en el Sistema Especial para Trabajadores por Cuenta Propia Agrarios.

*2. Las afiliaciones y las altas, iniciales o sucesivas, serán obligatorias y producirán efectos en orden a la cotización y a la acción protectora **desde el día primero del mes natural** en que concurran en la persona de que se trate las condiciones determinantes de su inclusión en el campo de aplicación del Régimen Especial de los Trabajadores por Cuenta Propia o Autónomos, siempre que se hayan solicitado en los términos establecidos por el artículo 32.3 de este Reglamento.*

*1.º Las altas solicitadas fuera del plazo reglamentario tendrán asimismo **efectos desde el día primero del mes natural** en que se reúnan los requisitos para la inclusión en este Régimen Especial.*

En tales supuestos y sin perjuicio de las sanciones administrativas que procedan por su ingreso fuera de plazo, las cotizaciones correspondientes a períodos anteriores a la formalización del alta serán exigibles y producirán efectos en orden a las prestaciones una vez hayan sido ingresadas, con los recargos que legalmente correspondan, salvo que por aplicación de la prescripción no fuesen exigibles dichas cuotas ni por ello válidas a efectos de prestaciones.

Las referidas cotizaciones darán también lugar al devengo de intereses desde la fecha en que debieron ser ingresadas y conforme al tipo de interés legal del dinero vigente en el momento del pago.

La Tesorería General de la Seguridad Social dará cuenta de las altas solicitadas fuera del plazo reglamentario a la Inspección de Trabajo y Seguridad Social.

*2.º Procederán la afiliación y el alta de oficio en este Régimen por la Tesorería General de la Seguridad Social en los supuestos que resultan de los artículos 26 y 29.1.3.º de este Reglamento, **surtiendo igualmente efectos desde el día primero del mes natural** en que resulte acreditada la concurrencia de los requisitos para la inclusión en este Régimen Especial, en los términos y con el alcance previstos en el apartado 1.º precedente.*

3. (…)

*4. Las bajas de los trabajadores en este Régimen Especial **surtirán efectos desde el día primero del mes siguiente a aquel en que hubiesen cesado en la actividad** determinante de su inclusión, siempre que se hayan solicitado en el plazo y forma establecidos.*

1.º Cuando, no obstante haber dejado de reunir los requisitos y condiciones determinantes de la inclusión en este Régimen Especial, el trabajador no solicitara la baja o la solicitase en forma y plazo distintos a los establecidos al efecto, o bien la baja se practicase de oficio, el alta así mantenida surtirá efectos en cuanto a la obligación de cotizar en los términos que se determinan en el artículo 35.2 de este Reglamento y no será considerado en situación de alta en cuanto al derecho a las prestaciones.

2.º La Tesorería General de la Seguridad Social dará cuenta de las bajas solicitadas o practicadas fuera del plazo reglamentario a la Inspección de Trabajo y Seguridad Social.

5. (...)"

Nuevamente omito los puntos que no se ajustan al propósito de mi aforismo.

Asimismo, el apartado 2 del número 1 de la disposición derogatoria establece derogar el capítulo III del Decreto 2530/1970, donde se ubican los artículos décimo y decimotercero anteriormente expuestos, así establece lo siguiente:

"2.ª El capítulo III del Decreto 2530/1970, de 20 de agosto, por el que se regula el Régimen Especial de la Seguridad Social de los Trabajadores por Cuenta Propia o Autónomos, así como los artículos

13 y 28.3.a) del mismo, en la redacción dada por el Real Decreto 2110/1994, de 28 de octubre."

Analicemos, pues, lo expuesto en el Real Decreto 2110/1994, de 28 de octubre. En concreto, para el análisis de este caso, es preciso incidir en lo establecido en el artículo 5, donde encontramos la siguiente redacción:

"Artículo 10. Efectos.

*1. Las altas iniciales o sucesivas producirán efectos en orden a la cotización y a la acción protectora **desde el día primer del mes natural** en que concurran en la persona de que se trate las condiciones determinantes de su inclusión en el campo de aplicación de este Régimen Especial. Siempre que se hayan solicitado en el plazo reglamentario.*

*1.1 Las altas solicitadas fuera de plazo reglamentario tendrán asimismo efectos **desde el día primero del mes natural** en que se reúnan los requisitos para la inclusión en este Régimen Especial.*

En tales supuestos y sin perjuicio de las sanciones administrativas que procedan por su ingreso fuera del plazo las cotizaciones correspondientes a 'períodos anteriores a la formalización del alta serán exigibles y producirán efectos en orden a las prestaciones una vez hayan sido ingresadas con los recargos que legalmente correspondan salvo que por aplicación de la prescripción no fueran exigibles dichas cuotas, ni por ello válidas a efecto de las prestaciones.

Las referidas cotizaciones darán también lugar al devengo de intereses desde la fecha en que debieron ser ingresadas y conforme al tipo de interés legal del dinero vigente en el momento del pago. La Tesorería General de la Seguridad Social dará cuenta de las altas solicitadas fuera de plazo a la Inspección de Trabajo y Seguridad Social.

1.2 Procederá el alta de oficio por la Tesorería General de la Seguridad Social en los siguientes supuestos:

a) Cuando las personas en quienes concurran las condiciones determinantes de su inclusión en este Régimen Especial no hubieran solicitado el alta en plazo reglamentario pero hubiesen efectuado cotizaciones al mismo.

b) Cuando deba reconocerse la situación de alta en virtud de actuación de la Inspección de Trabajo y Seguridad Social, por orden superior a instancia de las Entidades Gestoras como consecuencia de denuncia, queja, petición expresa o por cualquier otra circunstancia.

*Para los casos a que se refieren los párrafos a) y b) anteriores, las altas **surtirán efectos igualmente desde el día primero del mes natural** en que resulte acreditada la concurrencia de los requisitos para la inclusión en este Régimen Especial, en los* *términos y con el alcance previstos en el apartado 1.1 precedente.*

2. La baja de los trabajadores en este Régimen Especial **surtirá efectos desde el día primero del mes siguiente a aquel en que los mismos hubiesen cesado en la actividad determinante de su inclusión,** *siempre que se haya solicitado en el plazo y forma establecidos.*

2.1 Cuando, no obstante haber dejado de reunir los requisitos y condiciones determinantes de su inclusión en este Régimen Especial, el trabajador no solicitara la baja o ésta se practicara de oficio fuera del plazo establecido, el alta así mantenida no surtirá efecto alguno en cuanto al derecho a las prestaciones, sin perjuicio de los efectos que en orden a la obligación de cotizar se determinan en el apartado 3 del artículo 13."

Por lo tanto, vemos que se deroga el despropósito citado, pero ¡para volver a establecer la misma idea!

Ante el despropósito que supone lo expuesto, el trabajador englobado dentro del Régimen Especial de Trabajadores Autónomos, optará por esperar al primer día del mes siguiente al de su alta con el propósito de no pagar el mes completo en concepto de cuota mensual. Por no citar lo injusto que le supondrá a una persona que causa su baja el primer día del mes, pagar la cuota por el mes completo.

En este sentido, aquel que haya nacido el primer día del mes, habrá de cotizar el mes completo aún habiendo cumplido su edad legal de jubilación, abonando el importe correspondiente y dejando de percibir el importe que le corresponda por la pensión contributiva a la que tiene derecho.

Tal vez la falta de alta por los días que resten para la finalización del mes no supongan un montante importante para un autónomo, si bien, si multiplicamos este importe por la totalidad de personas que esperan al primer día del mes siguiente para establecer su alta, el importe que deja de abonar el sistema por este concepto puede resultar desorbitado.

Nuevamente, como consecuencia de la poco acertada legislación, se ven mermados los ingresos necesarios para la subsistencia del sistema.

Tres. El artículo 45 queda redactado en los siguientes términos:

«*Artículo 45. Período de liquidación y contenido de la obligación de cotizar.*

*1. El período de liquidación de la obligación de cotizar al Régimen Especial de los Trabajadores por Cuenta Propia o Autónomos estará siempre referido a meses completos, **aunque en el caso de las altas y de las bajas a que se refieren, respectivamente, los apartados 2.a) y 4.a) del artículo 46 del Reglamento general sobre inscripción de empresas y afiliación, altas, ba-***

jas y variaciones de datos de trabajadores en la Seguridad Social, comprenderá los días de prestación efectiva de la actividad por cuenta propia en el mes en que aquellas se hayan producido, exigiéndose la fracción de la cuota mensual correspondiente a dichos días; a tal efecto, la cuota fija mensual se dividirá por treinta en todo caso.

El cálculo de las cuotas en este régimen especial se efectuará mediante el sistema de liquidación simplificada, regulado en los artículos 15 y siguientes.

2. La obligación de cotizar a este régimen especial nacerá:

a) Desde el día en que concurran las condiciones determinantes para la inclusión en su campo de aplicación del sujeto obligado a cotizar, en el caso de las altas a que se refiere el artículo 46.2.a) del Reglamento general sobre inscripción de empresas y afiliación, altas, bajas y variaciones de datos de trabajadores en la Seguridad Social.

b) Desde el día primero del mes natural en que concurran las condiciones determinantes para la inclusión en su campo de aplicación del sujeto obligado a cotizar, en los casos de las altas a que se refiere el artículo 46.2, párrafos b) y c), del Reglamento general sobre inscripción de empresas y afiliación, altas, bajas y variaciones de datos de trabajadores en la Seguridad Social.

c) Cuando la Tesorería General de la Seguridad Social practique el alta de oficio en este régimen especial, la obligación de cotizar nacerá desde el día primero del mes natural en que resulte acreditada la concurrencia de los requisitos para la inclusión en su campo de aplicación.

3. La obligación de cotizar a este régimen especial se extinguirá:

a) Desde el día en que las condiciones de inclusión en su campo de aplicación dejen de concurrir en el sujeto de la obligación de cotizar, en el caso de las bajas a que se refiere el artículo 46.4.a) del Reglamento general sobre inscripción de empresas y afiliación, altas, bajas y variaciones de datos de trabajadores en la Seguridad Social, siempre que la baja se comunique en el tiempo y la forma establecidos.

En este supuesto, si la liquidación se hubiera realizado e ingresado hasta el último día del respectivo mes natural, la Tesorería General de la Seguridad Social procederá a efectuar la devolución que en cada caso corresponda, *sin aplicación de recargo o interés alguno. La referida devolución se efectuará mediante transferencia bancaria, en el plazo de los dos meses siguientes a aquel en que se hubiera efectuado el ingreso, salvo en aquellos casos en que el trabajador fuese deudor de la Seguridad Social o tuviese concedido un aplazamiento o moratoria, en cuyo caso el importe a reintegrar se* *aplicará a la deuda pendiente de ingreso o de amortización, salvo para el caso de deuda exigible garantizada mediante aval genérico.*

b) Al vencimiento del último día del mes natural en que las condiciones de inclusión en su campo de aplicación dejen de concurrir en el sujeto de la obligación de cotizar, en el caso de las bajas a que se refiere el artículo 46.4.b) del Reglamento general sobre inscripción de empresas y afiliación, altas, bajas y variaciones de datos de trabajadores en la Seguridad Social, siempre que la baja se comunique en el tiempo y la forma establecidos.

c) En los casos en que no se comunique la baja no se extinguirá la obligación de cotizar sino hasta el último día del mes natural en que la Tesorería General de la Seguridad Social conozca el cese del trabajador en su actividad por cuenta propia.

d) Cuando la Tesorería General de la Seguridad Social practique la baja de oficio, por conocer el cese en la actividad como consecuencia de la actuación de la Inspección de Trabajo y Seguridad Social, por los datos obrantes en la misma o en una entidad gestora o por cualquier otro procedimiento, la obligación de cotizar se extinguirá el último día del mes natural en que se haya llevado a cabo dicha actuación inspectora o se hayan recibido los datos o documentos que acrediten el cese en la actividad.

No obstante lo dispuesto en el párrafo anterior, los interesados podrán demostrar, por cualquier medio de prueba admitido en derecho, que el cese en la actividad tuvo lugar en otra fecha a efectos de la extinción de la obligación de cotizar, sin perjuicio, en su caso, de los efectos que deban producirse tanto en orden a la devolución de las cuotas que resulten indebidamente ingresadas como respecto del reintegro de las prestaciones que resulten indebidamente percibidas, salvo que por aplicación de las prescripciones no fueran exigibles la devolución ni el reintegro.

4. La cotización por la prestación de incapacidad temporal derivada de contingencias comunes en este régimen especial se regirá por las siguientes normas:

1.ª En los supuestos de cobertura obligatoria de dicha prestación, la obligación de cotizar nacerá y se extinguirá conforme a lo indicado en los apartados 2 y 3 de este artículo, salvo en las situaciones previstas en los artículos 47.3.4.ª y 47 bis.4.2.ª del Reglamento general sobre inscripción de empresas y afiliación, altas, bajas y variaciones de datos de trabajadores en la Seguridad Social, en que su nacimiento coincidirá con los efectos establecidos en dichos preceptos para la protección obligatoria de esa prestación.

2.ª En los supuestos de acogimiento voluntario a dicha prestación, en los términos previstos en los artículos 47.3 y 47 bis.4 del Reglamento general antes citado, el contenido de la obligación de cotizar será el siguiente:

a) Cuando la solicitud de mejora se presente simultáneamente con la petición de alta en este régimen especial, la obligación de cotizar nacerá desde el mismo día en que surta efectos dicha alta.

Cuando los trabajadores que ya estuvieran en alta formulen la petición de acogimiento voluntario a la prestación de incapacidad temporal, la obligación de cotizar nacerá desde el día 1 de enero del año siguiente al de la solicitud.

b) La obligación de cotizar se mantendrá por un período mínimo de un año natural y se prorrogará automáticamente por períodos de igual duración.

c) La obligación de cotizar por incapacidad temporal se extinguirá por renuncia a su cobertura, en los supuestos y con los efectos previstos en los artículos indicados, o por la baja en este régimen especial, con los efectos previstos en el apartado 3 de este artículo. 5. La cotización por las contingencias de accidentes de trabajo y enfermedades profesionales en este régimen especial determinará, para los trabajadores obligados o acogidos voluntariamente a su cobertura, el nacimiento de la obligación de cotizar por la misma base por la que coticen por contingen-

cias comunes y conforme a los tipos de cotización de la tarifa de primas vigente.

En el supuesto de trabajadores incluidos en el Sistema Especial para Trabajadores por Cuenta Propia Agrarios que no hubiesen optado por proteger la totalidad de las contingencias profesionales, la cotización obligatoria respecto a las de incapacidad permanente y muerte y supervivencia se efectuará aplicando a la base elegida el tipo de cotización fijado, para cada ejercicio económico, en la Ley de Presupuestos Generales del Estado.

6. En el supuesto de que los trabajadores autónomos, que estuviesen obligados o acogidos voluntariamente a la protección por incapacidad temporal y frente a las contingencias profesionales, queden exentos de cotizar por tener cumplidos 65 o más años de edad y reunir los períodos de cotización previstos en el artículo 311 del texto refundido de la Ley General de la Seguridad Social, la obligación de cotizar por incapacidad temporal y por las contingencias profesionales se mantendrá, según los casos, hasta la fecha de efectos de la renuncia a dicha cobertura o de la baja en este régimen especial.

7. En lo no previsto en los apartados precedentes, el contenido de la obligación de cotizar a este régimen especial, así como su objeto, el período de liquidación y la forma, lugar y plazo de la liquidación de cuotas se regirán por lo dispuesto en los artículos 12 y siguientes de este reglamento.»

Cuatro. Se añade un nuevo apartado 4 al artículo 52, con la siguiente redacción:

«4. Lo establecido en el artículo 43.2 en materia de bases de cotización y la posibilidad de efectuar los cambios posteriores de base de cotización a que se refiere el artículo 43 bis resultarán de aplicación a los trabajadores por cuenta propia incluidos en el grupo primero de cotización de este régimen especial.»

Cinco. El apartado 2 del artículo 55 queda redactado en los siguientes términos:

«2. Respecto de los trabajadores por cuenta propia incluidos en este régimen especial, el periodo, forma y plazo de la liquidación de las cuotas y el nacimiento, duración y extinción de la obligación de cotizar se regirán por lo dispuesto en los apartados 1 a 3 del artículo 45.»

De tal manera, se acota la obligación de cotizar a los días de actividad que tengan lugar en el mes. De esta forma, si bien anteriormente un nuevo autónomo dispuesto a tramitar su alta en la Seguridad Social podía estar tentado a esperar al inicio del siguiente mes con el propósito de no cotizar, injustamente, el mes completo, ahora se decantará por iniciar su alta el mismo día que inicie su actividad, abonando al sistema el importe que corresponde por los días que permanecerá de alta en el mes.

CAPÍTULO V

Disposición final quinta de la Ley 6/2017: riesgo extremo de quiebra del sistema

Como ya es sabido por el distinguido lector, el déficit que arrastra la Seguridad Social difícilmente podrá ser solventado por las generaciones venideras. Más aún, ¡cuán va incrementado paulatinamente como consecuencia de las pésimas políticas que padecemos los ciudadanos! En este orden, no es descabellado afirmar que pronto la quiebra del sistema será tan grave que difícilmente se podrá recuperar, llevando inequívocamente a un rescate vía impuestos, vía deuda pública, vía *"vaya a usted a saber cómo"* que consiga garantizar las pensiones, contributivas o no, a las que tienen derecho los ciudadanos.

Este escenario apocalíptico puede parecer exagerado, si bien, ya nos vemos inmersos en él, pues ya es habitual que los ingresos aportados vía cotización no sean suficientes para paliar los gastos que conlleva el sistema, precisando un crédito externo que posibilite el pago de las pensiones.

Así pues, ante semejante panorama, un servidor comprende que para solventar este problema es preciso reducir el gasto e incrementar los ingresos, lógicamente. Si bien, el distinguido lector podrá comprobar que la redacción de la disposición final quinta de la Ley 6/2017, de 24 de octubre, de Reformas Urgentes del Trabajo Autónomo, incrementa el gasto neto del sistema contribuyendo a la quiebra del mismo.

Sin más dilación, procedamos a exponer el aforismo en cuestión.

21

Sepa el distinguido lector que aquel trabajador que llega a la edad legal de jubilación podrá escoger entre dos o tres opciones, dependiendo del tiempo que haya computado como cotizado.

En primer lugar, habremos de atender a lo dispuesto en el artículo 152 del Real Decreto Legislativo 8/2015, de 30 de octubre, por el que se aprueba el texto refundido de la Ley General de la Seguridad Social, donde establece lo siguiente:

"Artículo 152. Cotización con sesenta y cinco o más años.

*1. Los empresarios y trabajadores **quedarán exentos de cotizar a la Seguridad Social por contingencias comunes, salvo por incapacidad temporal derivada de las mismas**, respecto de aquellos trabajadores por cuenta ajena con contratos de trabajo de carácter indefinido, así como de los socios trabajadores o de trabajo de las cooperativas, siempre que se encuentren en alguno de estos supuestos:*

a) Sesenta y cinco años de edad y treinta y ocho años y seis meses de cotización.

b) Sesenta y siete años de edad y treinta y siete años de cotización.

En todos los casos citados, a efectos del cómputo de años de cotización no se tomarán en cuenta las partes proporcionales de pagas extraordinarias.

2. Si al cumplir la edad correspondiente a que se refiere el apartado anterior el trabajador no tuviere cotizados el número de años en cada caso requerido, la exención prevista en este artículo será aplicable a partir de la fecha en que se acrediten los años de cotización exigidos para cada supuesto.

3. Las exenciones establecidas en este artículo no serán aplicables a las cotizaciones relativas a trabajadores que presten sus servicios en las Administraciones Públicas o en los organismos públicos regulados en el título III de la Ley 6/1997, de 14 de abril, de Organización y Funcionamiento de la Administración General del Estado.

4. La exoneración de la cotización prevista en este artículo comprenderá también las aportaciones por desempleo, Fondo de Garantía Salarial y formación profesional."

De tal modo, un autónomo que haya cumplido sesenta y cinco años de edad y haya cotizado treinta y ocho años y seis meses, quedará exento del pago de la cotización por contingencias comunes tal y como se establece en el artículo expuesto. Igualmente sucederá con aquel que cuente con sesenta y siete años y haya cotizado treinta y siete años. Por lo tanto, atendiendo a la base mínima de cotización vigente en la actualidad y suponiendo un trabajador autónomo englobado en el Régimen General, corresponde desglosar la siguiente cuota si continúa trabajando en las mismas condiciones:

- Por contingencias comunes (0 %): 0 €.

- Por incapacidad temporal (3,3 %): 30,35 €.

- Para la financiación de las prestaciones por riesgo durante el embarazo y riesgo durante la lactancia natural: (0,1 %): 0,92 €.

- Total: 31,27 €.

Ingresos obtenidos por pensión de jubilación:
0,00 €

Resultado: - 31,27 €.

Si consideramos que el trabajador por cuenta propia está englobado en el Régimen Especial Agrario, donde no se obliga a cotizar por IT, como ya hemos visto, habremos de considerar el siguiente importe:

- Por contingencias comunes (0%): 0 €.

- Por incapacidad, muerte y supervivencia (1 %): 9,20 €.

- Para la financiación de las prestaciones por riesgo durante el embarazo y riesgo durante la lactancia natural: (0,1 %): 0,92 €.

- Total: 10,12 €.

Ingresos obtenidos por pensión de jubilación:
0,00 €

Resultado: - 10,12 €.

Otra opción viable llegado el momento es solicitar la pensión por jubilación a la que el trabajador tiene reconocido derecho, si bien, para ello será necesario tramitar baja en la Agencia Tributaria y en la Tesorería General de la Seguridad Social (lógicamente), por lo que el pensionista declara que no ejercitará actividad económica alguna, con las excepciones argumentadas en el episodio tercero de este libro.

De este modo, el pensionista percibirá íntegramente su pensión por jubilación, a la que habremos de restar la tributación correspondiente en concepto de IRPF. Como veíamos, atendiendo a los importes establecidos como complemento a mínimos, éste, si cumple los requisitos, no podrá cobrar menos de catorce pagas de 606,70 € al año, y esto en el peor de los casos, pues éste es el número que atiende al complemento a mínimos con cónyuge no a cargo.

Así pues, esta opción es bastante más interesante que la expuesta anteriormente, donde el trabajador debía pagar 31,27 € o 10,12 € si está englobado en el Régimen Especial Agrario y no cotiza por incapacidad temporal.

Por último, el interesado podrá optar por una última opción: la jubilación activa.

Es aquí donde, bajo mi humilde opinión, considero que el legislativo ha errado gravemente comprometiendo la viabilidad del sistema.

Para comprender el cambio legislativo, primero habremos de comprender cómo quedaba regulada esta figura antes de la entrada en vigor de la disposición final quinta de la Ley 6/2017, de 24 de octubre, de Reformas Urgentes del Trabajo Autónomo, para lo cual, expondré lo que se disponía en los apartados 2 y 5 del artículo 214 del texto refundido de la Ley General de la Seguridad Social, aprobado por el Real Decreto Legislativo 8/2015, de 30 de octubre:

*"2. La cuantía de la pensión de jubilación compatible con el trabajo **será equivalente al 50 por ciento del importe resultante en el reconocimiento inicial**, una vez aplicado, si procede, el límite máximo de pensión pública, o del que se esté percibiendo, en el momento de inicio de la compatibilidad con el trabajo, excluido, en todo caso, el complemento por mínimos, cualquiera que sea la jornada laboral o la actividad que realice el pensionista.*

La pensión se revalorizará en su integridad en los términos establecidos para las pensiones del sistema de la Seguridad Social. No obstante, en tanto se mantenga el trabajo compatible, el importe de la pensión más las revalorizaciones acumuladas se reducirá en un 50 por ciento.

5. Finalizada la relación laboral por cuenta ajena o producido el cese en la actividad por cuenta propia, se restablecerá el percibo íntegro de la pensión de jubilación."

Como comprenderá el distinguido lector, anteriormente, aquel trabajador que pretendiese continuar con su actividad económica podía cobrar el cincuenta por ciento de la pensión que le correspondiese y únicamente habría de cotizar por solidaridad e incapacidad temporal, de tal modo, podemos desglosar el siguiente cálculo aun considerando una pensión mínima:

- Cotización por solidaridad: 919,80 x 8 % = 73,58 €.
- Cotización por incapacidad temporal: 919,8 x 3,3 % = 30,35 €.
    - Total: - 103,93 €.

En otro orden, habremos de calcular la pensión resultante que obtendría el interesado, insisto, considerando la pensión mínima:

766,84 x 14 pagas / 12 meses = 894,65 €.

894,65 € x 50 % = 447,32 €.

Por lo tanto:

447,32 – 103,93 = 343,39 €.

Si consideramos que con la figura de la jubilación activa no se causa baja en la Agencia Tributaria ni en la Tesorería General de la Seguridad Social, el interesado podrá continuar trabajando sin ningún tipo de limitación, por lo que esta opción iguala a la primera expuesta, eso sí, resultando un importe superior, pues como veíamos, en aquella el trabajador perdería 10,12 € mensuales en el mejor de los casos, mientras que mediante la figura de jubilación activa, obtendría unos ingresos (considerando una pensión mínima) de 343,39 €.

Así pues, no es extraño comprender que esta figura sea una de las más recurridas. Pero… ¿Cómo queda esta opción tras la reforma introducida con la Ley 6/2017?

La nueva la nueva Ley 6/2017, de 24 de octubre, de Reformas Urgentes del Trabajo Autónomo, en su disposición final quinta, modifica los apartados 2 y 5 del artículo 214 del texto refundido de la Ley General de la Seguridad Social, aprobado por el Real Decreto Legislativo 8/2015, de 30 de octubre, quedando redactados de la siguiente forma:

"Disposición final quinta. Compatibilidad de la realización de trabajos por cuenta propia con la percepción de una pensión de jubilación contributiva.

Se modifica el texto refundido de la Ley General de la Seguridad Social, aprobado por el Real Decreto Legislativo 8/2015, de 30 de octubre, en los siguientes términos:

Uno. Se modifican los apartados 2 y 5 del artículo 214 del texto refundido de la Ley General de la Seguridad Social, aprobado por el Real Decreto Legislativo 8/2015, de 30 de octubre, que quedan redactados en los siguientes términos:

«2. La cuantía de la pensión de jubilación compatible con el trabajo será equivalente al 50 por ciento del importe resultante en el reconocimiento inicial, una vez aplicado, si procede, el límite máximo de pensión pública, o del que se esté percibiendo, en el momento de inicio de la compatibilidad con el trabajo, excluido, en todo caso, el complemento por mínimos, cualquiera que sea la jornada laboral o la actividad que realice el pensionista.

No obstante, si la actividad se realiza por cuenta propia y se acredita tener contratado, al menos, a un trabajador por cuenta ajena, la cuantía de la pensión compatible con el trabajo alcanzará al 100 por ciento.

La pensión se revalorizará en su integridad en los términos establecidos para las pensiones del sistema de la Seguridad Social. No obstante, en tanto se mantenga el trabajo compatible, el importe de la pensión más las revalorizaciones acumuladas se reducirá en un 50 por ciento, excepto en el supuesto de realización de trabajos por cuenta propia en los términos señalados en el párrafo anterior.»

«5. Finalizada la relación laboral por cuenta ajena, se restablecerá el percibo íntegro de la pensión de jubilación. Igual restablecimiento se producirá en el caso de cese en la actividad por cuenta propia cuando no se dieran las circunstancias señaladas en el párrafo segundo del apartado 2.»

Dos. Se añade una disposición final sexta bis al texto refundido de la Ley General de la Seguridad Social, aprobado por el Real Decreto Legislativo 8/2015, de 30 de octubre, que queda redactada en los siguientes términos:

«Disposición final sexta bis. Ampliación del régimen de compatibilidad entre la pensión de jubilación y el trabajo por cuenta ajena.

Con posterioridad, y dentro del ámbito del diálogo social, y de los acuerdos en el seno del Pacto de To-

ledo, se procederá a aplicar al resto de la actividad por cuenta propia y al trabajo por cuenta ajena el mismo régimen de compatibilidad establecido entre la pensión de jubilación contributiva y la realización de trabajos regulado en el párrafo segundo del apartado 2 del artículo 214 de la presente Ley.»"

Así pues, atendiendo a lo expuesto, el interesado en acceder a la figura de la jubilación activa únicamente habrá de acreditar tener contratado, al menos, a un trabajador por cuenta ajena. Sólo esto.

Supongamos el siguiente ejemplo para comprender el riesgo que supone esta disposición al sistema:

Retomaré el ejemplo que consideraba en el aforismo séptimo, donde tomaba el CNAE 1629, propio en una empresa que se dedique a la *"fabricación de otros productos de madera; artículos de corcho, cestería y espartería."* Así deberá cotizar dentro de las contingencias profesionales los siguientes importes:

- Por incapacidad temporal: 2,1 %.

- Por incapacidad, muerte y supervivencia: 2%.

- Total: 4,1 %.

Así pues, la cotización de empresa total que deberá abordar el empresario por la contratación de un trabajador ascenderá a lo siguiente:

- Contingencias comunes: 23,6 %.

- Desempleo: 6,7 % (considerando un contrato de duración determinada a tiempo completo, en caso de ser indefinido, el porcentaje establecido es 5,5 %).

- FOGASA: 0,2 %.

- Formación profesional: 0,6 %.

- Contingencias profesionales: 4,1 % (continuando con el ejemplo referente el CNAE que anteriormente citaba).

Por lo tanto, el porcentaje por el que debe cotizar el empresario (sólo por la cuota atribuible al empresario) es 35,2 %.

Suponiendo una nómina de 1.000 €, más dos retribuciones extraordinarias, concluimos una base de cotización de 1.166,67 €. Es decir, el total una vez aplicados los porcentajes correspondientes a la cotización por cuota de empresa ascendería, en este hipotético caso, a 410,67 €. A esto habremos de añadir la cuota obrera, que se desglosa en lo siguiente:

- Contingencias comunes: 4,7 %.

- Desempleo: 1,6 % (considerando un contrato de duración determinada a tiempo completo, en caso de ser indefinido, el porcentaje establecido es 1,55 %).

- Formación profesional: 0,1 %.

Por lo tanto, considerando la misma base de cotización, habremos de aplicar un 6,4 % a 1.166,67 €, resultando 74,67 €.

Concluyendo, la Tesorería General de la Seguridad Social ingresaría un total de 485,34 € por una jornada completa, si bien, hemos de considerar la redacción que da la tristemente célebre disposición adicional:

"No obstante, si la actividad se realiza por cuenta propia y se acredita tener contratado, al menos, a un trabajador por cuenta ajena, la cuantía de la pensión compatible con el trabajo alcanzará al 100 por ciento."

En tal sentido, sería suficiente con acreditar la contratación de un trabajador por cuenta ajena que contase con una única hora al mes, resultando una parcialidad de 0,625 % para aquel sector que establezca una jornada máxima de cuarenta horas semanales, por lo que el importe adeudado a Seguridad Social sería el siguiente:

485,34 € x 0,625 % = 3,03 € mensuales.

También es preciso considerar la aportación que realizará el empleador por adaptarse a la opción de jubilación activa, cotización que ya quedaba legislado anteriormente, que como ya hemos visto, coincide con lo siguiente:

- Cotización por solidaridad: 919,80 x 8 % = 73,58 €.

- Cotización por incapacidad temporal: 919,8 x 3,3 % = 30,35 €.
  - Subtotal: - 103,93 €.

Luego entonces, el montante total correspondiente a las arcas de la Seguridad Social ascendería a 106,96 €, mientras que el pensionista obtendría a mayores por *acreditar tener contratado, al menos, a un trabajador por cuenta ajena* otros 447,32 € (incluidas pagas extraordinarias) que sumaríamos a los 447,32 € que cobraría aun sin acreditar relación laboral alguna, por lo tanto:

447,32 + 447,32 − 106,96 = 787,58 € / mensuales.

Es decir, que con sólo contratar a un trabajador una hora al mes, el pensionista verá duplicada su pensión, aportando en el ejemplo expuesto, 3,03 €.

Por supuesto, en otros aforismos, he reiterado la necesidad de crear empleo para sufragar al sistema, si bien, no es de recibo generar empleo a cualquier costa, menos aún perjudicando la viabilidad de la Tesorería General de la Seguridad Social.

22

Expuesto lo anterior, únicamente queda hacer conjeturas al respecto de cuál será la forma de actuar del gobierno en el supuesto de que se extienda la fórmula que propongo, llevando inequívocamente a la quiebra del sistema.

En este sentido, el gobierno de turno habría de tratar sanar la herida causada, para lo cual, previsiblemente pudiese considerar que casos similares al ejemplo que he expuesto pudiesen considerarse actos en fraude de ley, atendiendo a lo dispuesto en el punto 4 del artículo 6 del Real Decreto de 24 de julio de 1889 por el que se publica el Código Civil, donde se expone lo siguiente:

"4. Los actos realizados al amparo del texto de una norma que persigan un resultado prohibido por el ordenamiento jurídico, o contrario a él, se considerarán ejecutados en fraude de ley y no impedirán la debida aplicación de la norma que se hubiere tratado de eludir."

Por ello, permítame el distinguido lector vaticinar qué sucederá en un futuro como consecuencia de la entrada en vigor de la controvertida disposición:

La primera opción consiste en que pocos pensionistas reparen en esta norma y como consecuencia se realicen pocos actos como el que expongo, por lo que simplemente herirá al sistema, sin conseguir soterrarlo.

Otra opción es que una gran parte de los pensionistas recurran a este sistema, por lo que incrementará el gasto público en pensiones y finalizará con la quiebra total del sistema.

Y por último, en una medida desesperada de paliar esta medida populista, el gobierno solicitará al pensionista todo el importe ingresado "indebidamente" más los recargos e intereses devengados, alegando que la contratación de trabajadores tal y como expongo supone un fraude de ley atendiendo a la legislación citada.

Como comprobará el distinguido lector, ninguna de las opciones venideras plantea buenas noticias ni para el trabajador, ni para el sistema de Seguridad Social.

Finalizo aquí este libro deseando encarecidamente que quede obsoleto a la mayor brevedad, confiando en que pronto se solventen las deficiencias legislativas que evocan a la quiebra del sistema de Seguridad Social.

En Segovia, a 5 de abril de 2018.